AF525317

BACK-
KLASSIKER

GENUSS-REZEPTE
FÜR DEN THERMOMIX®

DIE DR. OETKER GELING-GARANTIE

UNSER VERSPRECHEN

Liebe Leserin, lieber Leser,

mit den Rezepten in unseren Koch- und Backbüchern möchten wir Sie und Ihre Lieben glücklich machen. Zum Glück braucht es den Erfolg, und den kaufen Sie mit jedem Dr. Oetker Buch gleich mit.

Dafür gibt es die *Dr. Oetker Geling-Garantie*. Sie ist unser Versprechen, dass alle Rezepte aus diesem Buch ganz einfach und sicher gelingen. Die Geling-Garantie startet schon bei der Zutatenliste: alle Zutaten, die wir verwenden, sollten Sie leicht in Ihrem Supermarkt vor Ort einkaufen können. Jeder Zubereitungs-Schritt ist klar und einfach nachvollziehbar.

Eine Garantie können wir Ihnen aber auch deshalb mit gutem Gewissen geben, weil alle Rezepte dieses Buches von unserem erfahrenen Team entwickelt wurden. Anschließend haben wir jedes Gericht in einer ganz normalen Küche nachgekocht oder nachgebacken. Immer wieder. So lange, bis wir uns sicher waren, dass es gelingt. Und zwar auch bei Ihnen zu Hause.

Was wir versprechen, halten wir auch. Sollte beim Kochen oder Backen eines unserer Rezepte dennoch etwas danebengehen oder Ihnen einfach nicht schmecken, dann lassen Sie es uns wissen. Schreiben Sie oder rufen Sie uns an! Wir werden das Rezept nochmals kritisch prüfen und Ihnen helfen herauszufinden, woran es gelegen haben könnte. Sie erreichen uns über die Dr. Oetker Service-Hotline unter: 00 800-71 72 73 74, Mo–Fr 8:00–18:00 Uhr sowie Sa 9:00–15:00 Uhr. Oder schreiben Sie uns eine E-Mail unter: redaktion-oetker@zsverlag.de

Natürlich freuen wir uns aber auch über weitere Rückmeldungen und auch über Lob. Ihre Ideen, Kommentare und Fragen können Sie jederzeit auch über Facebook posten: www.facebook.com/Dr.OetkerVerlag. Wir sind für Sie da. Garantiert.

Mit herzlichen Grüßen
Ihre Dr. Oetker Redaktion

WISSENSWERTES ZU DEN REZEPTEN

UNSER TIPP

Lesen Sie vor der Zubereitung – besser noch vor dem Einkauf – das Rezept einfach einmal vollständig durch.

SO GEHT'S

Die Zutaten sind in der Reihenfolge ihrer Verarbeitung aufgeführt. Jeder Arbeitsschritt ist einzeln hervorgehoben und extra nummeriert. So haben wir die Rezepte für Sie auch entwickelt und ausprobiert.

ZUBEREITUNGSZEIT UND GARZEIT

Die angegebene Zubereitungszeit schließt die Dauer der Vorbereitung und die eigentliche Zubereitung mit ein. Sie ist ein Anhaltswert und kann je nach individuellem Geschick oder Übung natürlich ein wenig variieren. Längere Wartezeiten, z. B. Kühl- oder Abkühlzeiten sind in der Regel nicht in der Zubereitungszeit enthalten.

BACKOFENEINSTELLUNG UND BACKZEITEN

Die in den Rezepten angegebenen Backtemperaturen und Backzeiten sind Richtwerte, die je nach individueller Hitzeleistung Ihres Backofens über- oder unterschritten werden können. Machen Sie nach Beendigung der angegebenen Backzeit eine Garprobe. Die Temperaturangaben in diesem Buch beziehen sich auf Elektrobacköfen. Die Temperatur-Einstellungsmöglichkeiten für Gasbacköfen variieren je nach Hersteller, sodass wir keine allgemeingültigen Angaben machen können.

HINWEISE ZU DEN NÄHRWERTEN

Bei den Nährwertangaben in den Rezepten handelt es sich um auf- bzw. abgerundete ganze Werte. Aufgrund von ständigen Rohstoffschwankungen und/oder Rezepturveränderungen bei Lebensmitteln kann es zu Abweichungen kommen. Die Nährwertangaben dienen daher lediglich Ihrer Orientierung und eignen sich nur bedingt für die Berechnung eines Diätplans.

TIPPS FÜR DIE TEIGHERSTELLUNG MIT DEM TM 5:

- Die Zutaten vorher bereitstellen, dann wie beschrieben abwiegen und verwenden.
- Fertige Teige, Massen, Cremes o. Ä. mit einem Silikon-Teigschaber aus dem Mixbecher nehmen, damit keine Reste im Mixtopf bleiben.
- Werden Zutaten im Mixtopf zerkleinert, unbedingt den Messbecher einsetzen, damit nichts herausspritzt.
- Hefeteig am besten in einer separaten Schüssel gehen lassen. Hefeteige lassen sich frisch geknetet besser vom Messer lösen, als wenn sie bereits aufgegangen sind.
- Beim Schmelzen von Schokolade kann sich die Schmelzzeit evtl. etwas verlängern, je nachdem wie groß die Stücke sind.

ABKÜRZUNGEN

EL	Esslöffel
TL	Teelöffel
Msp.	Messerspitze
Pck.	Packung/Päckchen
g	Gramm
kg	Kilogramm
ml	Milliliter
l	Liter
evtl.	eventuell
geh.	gehäuft
gestr.	gestrichen
gem.	gemahlen
ger.	gerieben
TK	Tiefkühlprodukt
°C	Grad Celsius

KALORIEN-/NÄHRWERTANGABEN

E	Eiweiß
F	Fett
Kh	Kohlenhydrate
kcal	Kilokalorie

SYMBOLE

◷	Zubereitungs-/Garzeit
⊕	Vegetarisch/Laktosefrei/Vegan
▲	Mit Alkohol

Genuss in die Form gebracht.

KUCHEN AUS DER FORM

Sandkuchen

Zubereitungszeit: etwa 10 Minuten, ohne Abkühlzeit
Backzeit: etwa 55 Minuten

ZUTATEN FÜR 15 STÜCKE

Für die Kastenform (25 x 11 cm):

etwas	Butter oder Margarine (zimmerwarm)
	Weizenmehl

FÜR DEN TEIG:

200 g	Butter oder Margarine (zimmerwarm)
180 g	Zucker
1 Pck.	Bourbon-Vanille-Zucker
1 Prise	Salz
einige Tropfen	Zitronenaroma
4	Eier (Größe M)
125 g	Weizenmehl
125 g	Speisestärke
1 ½ gestr. TL	Backpulver

FÜR DEN GUSS:

100 g	Zartbitter-Schokolade
20 g	Butter

PRO STÜCK:

E: 3 g, F: 16 g, Kh: 29 g, kcal: 272

1. Die Kastenform fetten und mit Mehl ausstreuen. Den Backofen vorheizen.
Ober-/Unterhitze: etwa 180 °C
Heißluft: etwa 160 °C

2. Für den Teig Butter oder Margarine in kleinen Stücken, Zucker, Vanille-Zucker, Salz und Zitronenaroma in den Mixtopf geben und **10 Sek. / Stufe 5** verrühren.

3. Rühraufsatz einsetzen und **2 Min. / Stufe 3,5** rühren. Die Masse mit dem Spatel nach unten schieben.

4. Den Messbecher entfernen. Zutaten im Mixtopf **2 Min. / Stufe 2,5** rühren, dabei nach und nach die Eier durch die Deckelöffnung dazugeben und unterrühren. Rühraufsatz entfernen, Butter-Eier-Mischung mit dem Spatel nach unten schieben.

5. Mehl, Speisestärke und Backpulver in den Mixtopf geben. Den Spatel in die Deckelöffnung stecken. Das Mehlgemisch mit Hilfe des Spatels **20–25 Sek. / Stufe 4** unterrühren.

6. Den Teig in die Kastenform füllen und glatt streichen. Die Form auf dem Rost in den vorgeheizten Backofen (unteres Drittel) schieben. Den Kuchen **etwa 55 Minuten backen.**

7. Die Form auf einen Kuchenrost stellen und den Kuchen 10 Minuten in der Form stehen lassen, dann aus der Form lösen und auf einem Kuchenrost erkalten lassen.

8. Für den Guss die Schokolade in Stücke brechen, in den Mixtopf geben, **10 Sek. / Stufe 8** zerkleinern und mit dem Spatel nach unten schieben. Butter in kleinen Stücken dazugeben. **2 Min. / 45 °C / Stufe 2** schmelzen. Den Guss auf dem Kuchen verteilen und evtl. mit einer Gabel ein Muster in den Guss ziehen. Den Guss fest werden lassen.

TIPP:

Damit der Sandkuchen gleichmäßig aufbricht, nach etwa 20 Minuten Backzeit den Kuchen mit einem Messer der Länge nach etwa 1 cm tief in der Mitte einschneiden.

Käsekuchen

Zubereitungszeit: etwa 15 Minuten,
ohne Kühlzeit
Backzeit: etwa 60 Minuten

ZUTATEN FÜR 12 STÜCKE

Für die Springform (Ø 26 cm):

etwas	Butter oder Margarine (zimmerwarm)

FÜR DEN KNETTEIG:

75 g	Butter oder Margarine (zimmerwarm)
150 g	Weizenmehl
½ TL	Backpulver
75 g	Zucker
1 Pck.	Vanillin-Zucker
1 Prise	Salz
1	Ei (Größe M)

FÜR DIE FÜLLUNG:

500 g	Magerquark
2 EL	Zitronensaft
100 g	Zucker
2	Eier (Größe M)
200 g	gekühlte Schlagsahne
35 g	Speisestärke

PRO STÜCK:

E: 9 g, F: 12 g, Kh: 28 g, kcal: 265

1. Den Boden der Springform fetten. Den Backofen vorheizen.
Ober-/Unterhitze: etwa 200 °C
Heißluft: etwa 180 °C

2. Für den Teig die Butter oder Margarine in kleinen Stücken in den Mixtopf geben. Restliche Zutaten nacheinander dazugeben und **50 Sek./ Knetstufe** zu einem Teig kneten. Den Teig auf der bemehlten Arbeitsfläche zu einer Kugel formen.

3. Zwei Drittel des Teiges auf dem Boden der gefetteten Springform ausrollen und mit einer Gabel mehrfach einstechen. Den Springformrand um den Boden legen und verschließen. Restteig zugedeckt in den Kühlschrank legen. Die Form auf dem Rost in den vorgeheizten Backofen (unteres Drittel) schieben. Den Boden **etwa 10 Minuten vorbacken.**

4. Die Form nach dem Vorbacken auf einen Kuchenrost stellen und den Boden abkühlen lassen. Die Backofentemperatur reduzieren:
Ober-/Unterhitze: etwa 160 °C
Heißluft: etwa 140 °C

5. Aus dem übrigen Teig zwei Rollen (je etwa 38 cm Länge) formen, als Rand auf den vorgebackenen Boden legen und so an die Form drücken, dass ein etwa 3 cm hoher Rand entsteht.

6. Für die Füllung die Zutaten nacheinander in den Mixtopf geben und **20 Sek. / Stufe 5** verrühren. Die Quarkmasse auf den vorgebackenen Boden streichen. Die Form wieder in den Backofen schieben und den Kuchen weitere **etwa 50 Minuten backen.**

7. Den Kuchen nach der Backzeit noch 15 Minuten bei leicht geöffneter Backofentür im ausgeschalteten Backofen stehen lassen, damit die Oberfläche nicht so stark reißt.

8. Anschließend den Kuchen auf einen Kuchenrost stellen und in der Form erkalten lassen.

TIPP:

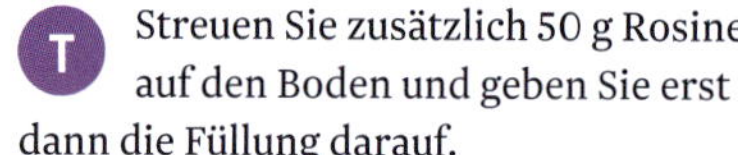
Streuen Sie zusätzlich 50 g Rosinen auf den Boden und geben Sie erst dann die Füllung darauf.

Nougat-Gugelhupf

Zubereitungszeit: 15 Minuten, ohne Abkühlzeit
Backzeit: etwa 50 Minuten

ZUTATEN FÜR 12 STÜCKE

Für die Gugelhupfform
(Ø etwa 22 cm, etwa 2 l Inhalt):

20 g	Butter (zimmerwarm)
10 g	Weizenmehl

FÜR DEN TEIG:

50 g	Zartbitter-Schokolade
80 g	Mandeln
150 g	Weizenmehl
2 Pck.	Pudding-Pulver Vanille-Geschmack
3 gestr. TL	Backpulver
½ gestr. TL	Natron
100 g	Schicht-Nougat
200 g	Nuss-Nougat
6	Eier (Größe M)
100 g	Kondensmilch (4 % Fett)
80 g	Puderzucker
1 Pck.	Vanillin-Zucker
1 gestr. TL	Baharat (arabische Gewürzmischung)
50 g	Haselnussöl
200 g	Sonnenblumenöl
1 gestr. TL	Fleur de Sel

ZUM BESTREICHEN:

100 g	Aprikosenkonfitüre
70 g	Orangenblüten-Honig

PRO STÜCK:

E: 9 g, F: 36 g, Kh: 52 g, kcal: 570

1. Den Backofen vorheizen.
Ober-/Unterhitze: etwa 180 °C
Heißluft: etwa 160 °C

2. Zartbitterschokolade in den Mixtopf geben, **6 Sek. / Stufe 7** zerkleinern, in eine Schüssel umfüllen und kurz zur Seite stellen. Mandeln in den Mixtopf geben, **9 Sek. / Stufe 7** pulverisieren, in eine Schüssel umfüllen und kurz zur Seite stellen.

3. Für den Teig eine Schüssel auf den Mixtopfdeckel stellen, Mehl mit Pudding-Pulver, Backpulver, Natron, vorbereiteten Mandeln und Schokolade abwiegen und kurz zur Seite stellen. Schicht-Nougat in etwa 1 cm große Würfel schneiden.

4. Nuss-Nougat in grobe Stücke schneiden und in den Mixtopf geben. Eier, Kondensmilch, Puderzucker, Vanillin-Zucker, Gewürzmischung, Haselnuss- und Sonnenblumenöl hinzugeben. Den Mixtopf verschließen **1 Min. / Stufe 6** mixen.

5. Die Mehlmischung hinzugeben und im verschlossenen Topf **15 Sek. / Stufe 3** untermischen. Dann die Schicht-Nougat-Stücke, das Fleur de Sel mit in den Mixtopf geben und **15 Sek. / RLLauf / Stufe 2** unterrühren.

6. Den Teig in die Gugelhupfform (mit Butter gefettet, mit Mehl ausgestäubt) füllen und glatt streichen. Die Form auf dem Rost in den vorgeheizten Backofen (unteres Drittel) schieben. Den Kuchen **etwa 50 Minuten backen.**

7. Die Form auf einen Kuchenrost stellen und etwa 10 Minuten abkühlen lassen. Dann den Kuchen auf einen mit Backpapier belegten Kuchenrost stürzen und abkühlen lassen.

8. Zum Bestreichen Aprikosenkonfitüre in den Mixtopf geben und **8 Sek. / Stufe 8** zerkleinern. Honig zugeben und **3 Min. / 120 °C / Stufe 2** köcheln lassen. Gugelhupf damit bestreichen.

TIPPS:

Bei der Verwendung einer Silikonform, diese auf ein Backblech stellen.

T Baharat ist eine arabische Gewürzmischung. Sie besteht in der Regel aus Paprika, Pfeffer, Koriander, Kreuzkümmel und Muskatnuss.

Mokka-Honig-Kuchen

Zubereitungszeit: 20 Minuten, ohne Abkühl- und Kühlzeit
Backzeit: etwa 40 Minuten

ZUTATEN FÜR 20 STÜCKE

Für die Kastenform (30 x 11 cm):

1 TL	Butter (zimmerwarm)
	Backpapier

FÜR DEN TEIG:

100 g	Weizenmehl
2 Pck.	Pudding-Pulver Schokoladen-Geschmack
3 gestr. TL	Backpulver
1 gestr. TL	Natron
100 g	gem. Haselnusskerne
50 g	Zartbitter-Raspelschokolade
4	Eier (Größe M)
150 g	flüssiger Honig
1 TL	Ras el Hanout (marokkanische Gewürzmischung)
1 Pck.	Vanillin-Zucker
100 g	starker, kalter Espresso
50 g	Sesamöl
150 g	Sonnenblumenöl

FÜR DIE FÜLLUNG:

200 g	Nuss-Nougat
50 g	Erdnusscreme

ZUM BESTÄUBEN:

1 EL	Kakaopulver

PRO STÜCK:

E: 4 g, F: 18 g, Kh: 22 g, kcal: 274

1. Den Backofen vorheizen.
Ober-/Unterhitze: etwa 180 °C
Heißluft: etwa 160 °C.

2. Für den Teig eine Schüssel auf den Mixtopfdeckel stellen, Mehl mit Pudding-Pulver, Backpulver, Natron, Haselnusskerne und Raspelschokolade abwiegen, vermischen und zur Seite stellen.

3. Eier, Honig, Gewürzmischung, Vanillin-Zucker und kalten Espresso in den Mixtopf geben, Mixtopf verschließen. Die Mischung **45 Sek. / Stufe 6** schaumig mixen.

4. Sesamöl und Sonnenblumenöl hinzugießen. Die Mehlmischung zugeben und alles im verschlossenen Mixtopf **20 Sek. / Stufe 3** zu einem glatten Teig mixen. Evtl. nach dem Mixen den Teig mit einem Teigschaber glatt rühren.

5. Den Teig in die Kastenform (mit Butter gefettet und mit Backpapier ausgelegt) füllen und glatt streichen. Die Kastenform auf dem Rost in den vorgeheizten Backofen (mittlere Schiene) schieben. Den Kuchen **45–50 Minuten backen.**

6. Die Form auf einen Kuchenrost stellen, etwa 10 Minuten abkühlen lassen. Dann den Kuchen aus der Form lösen, Backpapier entfernen. Kuchen auf dem Kuchenrost erkalten lassen.

7. Für die Füllung Nuss-Nougat grob in Stücke schneiden, in den Mixtopf geben und **5 Min. / 50 °C / Stufe 2** schmelzen. Die Erdnusscreme mit in den Mixtopf geben und **30 Sek. / Stufe 2** unterrühren. Die Füllung auf Zimmertemperatur abkühlen lassen und dann für etwa 10 Minuten in den Kühlschrank stellen.

8. Den Kastenkuchen der Länge nach vierteln. Die Schnittstellen mit der Füllung bestreichen. Die Stücke wieder zu einem Kastenkuchen zusammensetzen und mit dem Kakaopulver bestäuben.

Schoko-Nuss-Kuchen

Zubereitungszeit: etwa 20 Minuten, ohne Abkühlzeit
Backzeit: etwa 55 Minuten
Mit Alkohol

ZUTATEN FÜR 15 STÜCKE

Für die Kastenform (etwa 25 x 11 cm):

1 TL	Margarine oder Butter (zimmerwarm)
	Weizenmehl

FÜR DEN RÜHRTEIG:

100 g	gem. Haselnusskerne
100 g	gehackte Haselnusskerne
200 g	Margarine oder Butter (zimmerwarm)
150 g	Zucker
1 Pck.	Vanillin-Zucker
½ Röhrchen	Rum-Aroma
1 Prise	Salz
3	Eier (Größe M)
150 g	Weizenmehl
2 gestr. TL	Backpulver
100 g	gehackte Schokolade

FÜR DEN GUSS:

150 g	Vollmilch-Schokolade
5 g	Speiseöl, z. B. Sonnenblumenöl

ZUM BESTREUEN:

50 g	grob gehackte Haselnusskerne

PRO STÜCK:

E: 5 g, F: 27 g, Kh: 25 g, kcal: 364

1. Für den Teig gemahlene und gehackte Haselnusskerne in einer Pfanne ohne Fett unter Rühren leicht rösten und dann auf einem Teller erkalten lassen. Die Kastenform fetten und mehlen.

2. Den Backofen vorheizen.
Ober-/Unterhitze: etwa 180 °C
Heißluft: etwa 160 °C

3. Geröstete Haselnusskerne mit den restlichen Zutaten in den Mixtopf geben und **1,5 Min. / Stufe 3** verrühren.

4. Den Teig in die Form füllen und die Form auf dem Rost in den vorgeheizten Backofen (unteres Drittel) schieben. Den Kuchen **etwa 60 Minuten backen,** evtl. gegen Ende der Backzeit den Kuchen mit Backpapier zudecken.

5. Die Kastenform auf einen Kuchenrost stellen. Den Kuchen 10 Minuten in der Form stehen lassen, dann aus der Form lösen, auf einen Kuchenrost stürzen und erkalten lassen.

6. Für den Guss die Schokolade grob mit einem Messer zerkleinern oder in Stücke brechen. Schokolade in den Mixtopf geben und **5 Sek. / Stufe 7** zerkleinern. Speiseöl mit in den Mixtopf geben und **2 Min. / 60 °C / Stufe 2** schmelzen lassen. Den erkalteten Kuchen mit einem Messer oder Backpinsel mit dem Schokoladenguss überziehen und mit den gehackten Haselnusskernen bestreuen.

TIPPS:

Sie können den Kuchen auch in einer Gugelhupfform (Ø 22 cm) backen.

Zum Rösten der Nüsse eignet sich eine beschichtete Pfanne am besten.

Marmorkuchen

Zubereitungszeit: etwa 10 Minuten, ohne Abkühlzeit
Backzeit: etwa 50 Minuten

ZUTATEN FÜR 20 STÜCKE

Für die Gugelhupfform (Ø 22 cm):

etwas	Margarine oder Butter (zimmerwarm)
	Weizenmehl

FÜR DEN RÜHRTEIG:

225 g	Margarine oder Butter (zimmerwarm)
150 g	Zucker
1 Pck.	Vanillin-Zucker
1	Prise Salz
4	Eier (Größe M)
30 g	Milch
275 g	Weizenmehl
3 gestr. TL	Backpulver

ZUSÄTZLICH:

15 g	Kakaopulver
15 g	Zucker
30 g	Milch

ZUM BESTÄUBEN:

etwas	Puderzucker

PRO STÜCK:

E: 3 g, F: 11 g, Kh: 22 g, kcal: 203

1. Die Gugelhupfform fetten und mit Mehl ausstreuen. Den Backofen vorheizen.
Ober-/Unterhitze: etwa 180 °C
Heißluft: etwa 160 °C

2. Für den Teig Butter oder Margarine in kleinen Stücken, Zucker, Vanillin-Zucker und Salz in den Mixtopf geben und **10 Sek. / Stufe 5** verrühren.

3. Rühraufsatz einsetzen und **2 Min. / Stufe 3,5** rühren. Die Masse mit dem Spatel nach unten schieben.

4. Den Messbecher entfernen. Zutaten im Mixtopf **2 Min. / Stufe 2,5** rühren, dabei nach und nach die Eier durch die Deckelöffnung dazugeben und unterrühren. Rühraufsatz entfernen, Butter-Eier-Mischung mit dem Spatel nach unten schieben.

5. Milch, Mehl und Backpulver in den Mixtopf geben, den Spatel einsetzen. Die Zutaten **25 Sek. / Stufe 4** unterrühren. Zwei Drittel des Teiges in die Gugelhupfform füllen. Restteig mit dem Spatel im Mixtopf nach unten schieben.

6. Kakaopulver, Zucker und Milch zum Teig in den Mixtopf geben. **5 Sek. / Stufe 3** verrühren und mit dem Spatel nach unten schieben. Weitere **5 Sek. / Stufe 3** verrühren.

7. Den dunklen Teig auf den hellen Teig in der Form verteilen. Eine Gabel spiralförmig durch die Teigschichten ziehen, sodass ein Marmormuster entsteht. Die Form auf dem Rost in den vorgeheizten Backofen (unteres Drittel) schieben. Den Kuchen **etwa 50 Minuten backen.**

8. Den Kuchen auf einen Kuchenrost stellen und etwa 10 Minuten in der Form stehen lassen. Dann aus der Form lösen, auf einen Kuchenrost stürzen und erkalten lassen.

9. Den Kuchen mit Puderzucker bestäuben.

Creamcheese-Schoko-Kuchen

Zubereitungszeit: 20 Minuten, ohne Abkühl- und Kühlzeit
Backzeit: etwa 65 Minuten

ZUTATEN FÜR 16 STÜCKE

Für die eckige Springform (etwa 24 x 24 cm):
Backpapier

FÜR DEN CRUNCHBODEN:

100 g	Butter (kalt)
300 g	Schokoladenkekse (z. B. Cookies mit 40 % Schokoladenstückchen)

FÜR DEN BELAG:

200 g	Schlagsahne (mind. 30 % Fett)
350 g	Crème fraîche
200 g	Magerquark
140 g	Zucker
1 Pck.	Bourbon-Vanille-Zucker
4	Eier (Größe M)
100 g	Zartbitter-Kuvertüre

ZUM GARNIEREN:

250 g	Erdbeeren
1 TL	Puderzucker

PRO STÜCK:

E: 6 g, F: 24 g, Kh: 25 g, kcal: 344

1. Butter und Kekse in den Mixtopf geben. Mixtopf verschließen und **20 Sek. / Stufe 5** zu einer Bröselmasse verarbeiten.

2. Die Bröselmischung in der Springform (mit Backpapier belegt) verteilen und mit einem Löffel fest zu einem Boden andrücken. Die Form etwa 10 Minuten in den Kühlschrank stellen.

3. Den Backofen vorheizen.
Ober-/Unterhitze: etwa 150 °C
Heißluft: etwa 130 °C

4. Rühraufsatz (Schmetterling) in den Mixtopf einsetzen. Gut gekühlte Sahne in den Mixtopf geben und **Stufe 3** ohne Zeiteinstellung rühren, bis die Sahne halb steif ist. Crème fraîche, Quark, Zucker, Vanille-Zucker und Eier mit in den Mixtopf geben. Mixtopf verschließen und **30 Sek. / Stufe 4** rühren. Zwei Drittel der Quarkmasse auf den Crunchboden gießen. Das restliche Drittel in eine Schüssel gießen und kurz zur Seite stellen.

5. Die grob gehackte Kuvertüre in den Mixtopf geben, **15 Sek. / Stufe 10** zerkleinern, mit dem Spatel nach unten schieben und **3 Min. / 60 °C / Stufe 2** schmelzen. Beiseitegestellte Quarkmasse mit in den Mixtopf geben und im verschlossenen Mixtopf **15 Sek. / Stufe 4** glatt mixen. Schokomasse in Klecksen auf dem hellen Teig verteilen.

6. Die Form auf dem Rost in den vorgeheizten Backofen (mittlere Schiene) schieben. Den Kuchen **etwa 65 Minuten backen.** Ofen ausschalten und den Kuchen noch 30 Minuten im Ofen (mit geöffneter Tür) nachziehen lassen.

7. Den Kuchen in der Springform auf einen Kuchenrost stellen und erkalten lassen, dann den Kuchen für etwa 2 Stunden in den Kühlschrank stellen.

8. Den Kuchen zum Servieren aus der Form lösen und in Stücke schneiden, diese vorsichtig vom Backpapier lösen und auf eine Servierplatte legen.

9. Die Erdbeeren abspülen, abtropfen lassen, entstielen und halbieren. Die Kuchenstücke mit den Erdbeerhälften belegen und mit Puderzucker bestäuben.

Rotwein-Kuchen

Zubereitungszeit: etwa 10 Minuten, ohne Abkühlzeit
Backzeit: 55–60 Minuten
Mit Alkohol

ZUTATEN FÜR 15 STÜCKE

Für die Kastenform (25 x 11 cm):

etwas	Butter oder Margarine (zimmerwarm)
	Weizenmehl

FÜR DEN RÜHRTEIG:

200 g	Butter oder Margarine (zimmerwarm)
100 g	Zucker
1 Pck.	Vanillin-Zucker
1 Prise	Salz
3	Eier (Größe M)
200 g	Weizenmehl
10 g	Kakaopulver
1 gestr. TL	gem. Zimt
2 TL	Backpulver
100 g	Raspelschokolade
50 g	abgezogene, gehackte Mandeln
100 ml	Rotwein

FÜR DEN GUSS:

150 g	Zucker
2–3 EL	Rotwein

PRO STÜCK:

E: 4 g, F: 16 g, Kh: 31 g, kcal: 295

1. Die Kastenform einfetten und mit Mehl ausstreuen. Den Backofen vorheizen.
Ober-/Unterhitze: etwa 180 °C
Heißluft: etwa 160 °C

2. Für den Teig Butter oder Margarine, Zucker, Vanillin-Zucker und Salz in den Mixtopf geben und **10 Sek./Stufe 3,5** verrühren.

3. Rühraufsatz einsetzen und **2 Min./Stufe 3,5** rühren. Die Masse mit dem Spatel nach unten schieben.

4. Den Messbecher entfernen. Zutaten im Mixtopf **2 Min./Stufe 2,5** rühren, dabei nach und nach die Eier durch die Deckelöffnung dazugeben und unterrühren. Rühraufsatz entfernen, Butter-Eier-Mischung mit dem Spatel nach unten schieben.

5. Mehl, Kakao, Zimt und Backpulver in den Mixtopf geben. Den Spatel in die Deckelöffnung stecken. Die Zutaten mit Hilfe des Spatels **25 Sek./Stufe 4** unterrühren. Raspelschokolade, Mandeln und Rotwein in den Mixtopf geben und mit Hilfe des Spatels **30 Sek./Stufe 3** unterrühren. Den Teig in die Kastenform füllen und glatt streichen.

6. Die Form auf dem Rost in den vorgeheizten Backofen (unteres Drittel) schieben und **55–60 Minuten backen.**

7. Die Form auf einen Kuchenrost stellen und den Kuchen 10 Minuten in der Form stehen lassen, dann aus der Form lösen und auf einem Kuchenrost erkalten lassen.

8. Für den Guss den Zucker in den Mixtopf geben, **20 Sek./Stufe 10** pulverisieren. Den Puderzucker in eine kleine Schüssel geben, mit einem Löffel nach und nach den Rotwein unterrühren, so viel Rotwein dazugeben, dass ein dickflüssiger Guss entsteht. Den Guss mit dem Löffel auf dem erkalteten Kuchen verteilen und fest werden lassen.

TIPP:

Der Rotweinkuchen kann bereits 2 Tage im Voraus gebacken werden. Den Guss am besten am Tag des Verzehrs auf den Kuchen streichen, damit er eine schöne Farbe hat.

Russischer Zupfkuchen

Zubereitungszeit: etwa 20 Minuten, ohne Kühlzeit
Backzeit: etwa 60 Minuten

ZUTATEN FÜR 16 STÜCKE

Für die Springform (Ø 26 cm):
etwas Butter oder Margarine (zimmerwarm)

FÜR DEN KNETTEIG:

300 g	Weizenmehl
30 g	Kakaopulver
2 gestr. TL	Backpulver
150 g	Butter oder Margarine (zimmerwarm)
150 g	Zucker
1 Pck.	Vanillin-Zucker
1	Ei (Größe M)

FÜR DIE FÜLLUNG:

250 g	Butter oder Margarine (zimmerwarm)
500 g	Magerquark
200 g	Zucker
1 Pck.	Vanillin-Zucker
3	Eier (Größe M)
1 Pck.	Pudding-Pulver Vanille-Geschmack

PRO STÜCK:

E: 8 g, F: 23 g, Kh: 39 g, kcal: 402

1. Für den Teig Mehl mit Kakaopulver und Backpulver in den Mixtopf geben, **5 Sek. / Stufe 3** mischen und mit dem Spatel nach unten schieben. Butter oder Margarine in kleinen Stücken, Zucker und Ei hinzufügen, **30 Sek. / Stufe 6** zu einem Teig verarbeiten, mit dem Spatel nach unten schieben und aus dem Mixtopf nehmen. Den Teig mit den Händen zu einer Kugel formen, in Frischhaltefolie wickeln und etwa 30 Minuten in den Kühlschrank legen.

2. Für die Füllung Butter oder Margarine in kleinen Stücken in den Mixtopf geben, **1 Min. / 50 °C / Stufe 3** erwärmen. Nacheinander Quark, Zucker, Vanillin-Zucker, Eier und Puddingpulver dazugeben, die Zutaten **40 Sek. / Stufe 5** verrühren.

3. Den Boden der Springform fetten.
Den Backofen vorheizen.
Ober-/Unterhitze: etwa 180 °C
Heißluft: etwa 160 °C

4. Knapp die Hälfte des Teiges auf dem Boden der Springform ausrollen. Den Springformrand darumlegen und verschließen. Aus der Hälfte des übrigen Teiges zwei Rollen (je 38 cm Länge) formen, als Rand auf den Teigboden legen und so an die Form drücken, dass ein etwa 2 cm hoher Rand entsteht.

5. Die Füllung in die Form geben und glatt streichen. Den restlichen Teig in kleine Stücke zupfen und auf der Füllung verteilen.

6. Die Form auf dem Rost in den vorgeheizten Backofen (unteres Drittel) schieben. Den Kuchen **etwa 60 Minuten backen.**

7. Die Form auf einen Kuchenrost stellen, in der Form erkalten lassen.

Stracciatella-Vanille-Gugelhupf

Zubereitungszeit: 15 Minuten, ohne Abkühlzeit
Backzeit: etwa 55 Minuten

ZUTATEN FÜR 16 STÜCKE

Für die Gugelhupfform (Ø 22–24 cm, etwa 2 l Inhalt):

20 g	Butter (zimmerwarm)
10 g	Weizenmehl

FÜR DEN TEIG:

140 g	Zucker
160 g	Weizenmehl
2 Pck.	Pudding-Pulver Vanille-Geschmack
3 gestr. TL	Backpulver
½ gestr. TL	Natron
200 g	abgezogene, gem. Mandeln
1	Vanilleschote
6	Eier (Größe M)
150 g	Schlagsahne
50 g	Mandelöl nativ
250 g	Sonnenblumenöl
100 g	Zartbitter-Raspelschokolade
1–2 EL	Puderzucker zum Bestäuben

PRO STÜCK:

E: 7 g, F: 33 g, Kh: 25 g, kcal: 423

1. Den Backofen vorheizen. Die Gugelhupfform fetten und mit Mehl ausstäuben.
Ober-/Unterhitze: etwa 180 °C
Heißluft: etwa 160 °C

2. Für den Teig Zucker in den Mixtopf geben und **15 Sek. / Stufe 10** pulverisieren. Puderzucker aus dem Mixtopf nehmen und bis zur weiteren Verwendung beiseitestellen.

3. Eine Schüssel auf den Mixtopfdeckel stellen, Mehl mit Pudding-Pulver, Backpulver, Natron und Mandeln abwiegen, vermischen und zur Seite stellen.

4. Die Vanilleschote halbieren und in den Mixtopf geben. Eier, Schlagsahne, 120 g Puderzucker, Mandel- und Sonnenblumenöl hinzugeben und **1 Min. / Stufe 6** mixen, bis die Vanilleschote fein zerkleinert ist.

5. Die Mehlmischung hinzugeben und **15 Sek. / Stufe 3** untermixen. Die Raspelschokolade mit einem Teigschaber unterrühren.

6. Den Teig in die Gugelhupfform füllen und glatt streichen. Die Form auf dem Rost in den vorgeheizten Backofen (mittlere Schiene) schieben. Den Kuchen **etwa 55 Minuten backen.**

7. Die Form auf einen Kuchenrost stellen und etwa 10 Minuten abkühlen lassen. Dann den Kuchen auf einen mit Backpapier belegten Kuchenrost stürzen und erkalten lassen.

8. Zum Servieren den Kuchen mit dem restlichen Puderzucker bestäuben.

TIPP:

Die Gugelhupfform darf maximal zu etwa zwei Dritteln mit Teig gefüllt sein.

Obstboden mit Himbeeren

Zubereitungszeit: etwa 30 Minuten, ohne Abkühl- und Kühlzeit
Backzeit: etwa 15 Minuten

ZUTATEN FÜR 12 STÜCKE

Für die Obstbodenform (Ø 28 cm) oder Springform (Ø 26 cm):

etwas	Butter oder Margarine (zimmerwarm) oder Backpapier

FÜR DEN ALL-IN-TEIG:

125 g	Weizenmehl
2 ½ gestr. TL	Backpulver
100 g	Zucker
1 Pck.	Vanillin-Zucker
4	Eier (Größe M)
3 EL	Speiseöl, z. B. Sonnenblumenöl
2 EL	Essig, z. B. Obstessig

FÜR DIE VANILLECREME:

250 g	Milch
1 Pck.	Saucenpulver Vanille-Geschmack, zum Kochen
20 g	Zucker

FÜR DEN BELAG:

600 g	frische oder TK-Himbeeren
evtl. etwas	Zucker

FÜR DEN TORTENGUSS:

250 g	Wasser
1 Pck.	Tortenguss, rot
2 EL	Zucker

PRO STÜCK:

E: 5 g, F: 5 g, Kh: 26 g, kcal: 178

1. Obstbodenform fetten oder den Springformboden mit Backpapier belegen. Den Backofen vorheizen.
Ober-/Unterhitze: etwa 200 °C
Heißluft: etwa 180 °C

2. Für den Teig die Zutaten nacheinander in den Mixtopf geben und **40 Sek. / Stufe 4** zu einem Teig verrühren.

3. Den Teig in die Obstboden- oder Springform füllen und glatt streichen. Die Form auf dem Rost in den vorgeheizten Backofen (unteres Drittel) schieben. Den Obstboden **etwa 15 Minuten backen.**

4. Den Obstboden auf einen mit Backpapier belegten Kuchenrost stürzen und erkalten lassen.

5. Für die Vanillecreme Milch, Saucenpulver und Zucker in den Mixtopf geben, **3 Sek. / Stufe 5** verrühren. Anschließend **6 Min. / 100 °C / Stufe 3** kochen und in eine Schüssel umfüllen. Den Pudding etwas abkühlen lassen, zwischendurch umrühren. Den Pudding auf dem Tortenboden verstreichen.

6. Für den Belag die Himbeeren verlesen, evtl. abspülen und gut abtropfen lassen oder tiefgekühlt auf den Tortenboden geben.

7. Für den Guss Wasser, Tortengusspulver und Zucker in den Mixtopf geben und **3 Sek. / Stufe 5** verrühren, anschließend **6 Min. / 100 °C / Stufe 1** kochen. Den Guss 2 Minuten abkühlen lassen, mit dem Spatel umrühren und mit einem Löffel auf den Himbeeren verteilen. Den Guss fest werden lassen.

8. Die Torte bis zum Servieren in den Kühlschrank stellen.

TIPPS:

Sie können auch andere Früchte (Erdbeeren, Bananen, Weintrauben) oder gut abgetropfte Dosenfrüchte (Pfirsiche, Ananas; Abtropfgewicht etwa 500 g) verwenden.

Johannisbeer-kuchen

Zubereitungszeit: 10 Minuten, ohne Abkühlzeit
Backzeit: etwa 45 Minuten

ZUTATEN FÜR 12 STÜCKE

Für die Springform (Ø 24 cm):
Backpapier

FÜR DEN TEIG:

250 g	frische rote Johannisbeeren oder TK-Johannisbeeren
250 g	Weizenmehl
2 gestr. TL	Backpulver
½ gestr. TL	Natron
3	Eier (Größe M)
220 g	Zucker
3 EL	Zitronensaft
150 g	Crème fraîche
50 g	Leinöl (ersatzweise Rapsöl)
100 g	Rapsöl

ZUM BESTREICHEN:

100 g	rotes Johannisbeergelee
1 EL	Zucker

PRO STÜCK:

E: 4 g, F: 18 g, Kh: 42 g, kcal: 344

1. Den Backofen vorheizen.
Ober-/Unterhitze: etwa 180 °C
Heißluft: etwa 160 °C

2. Für den Teig die frischen Johannisbeeren abspülen, abtropfen lassen und von den Rispen streifen.

3. Eine Schüssel auf den Mixtopfdeckel stellen, Mehl mit Backpulver und Natron abwiegen, vermischen und zur Seite stellen.

4. Eier, Zucker, Zitronensaft, Crème fraîche, Leinöl und Rapsöl in den Mixtopf geben, **45 Sek. / Stufe 6** mixen.

5. Die Mehlmischung zugeben. Das Ganze im verschlossenen Mixtopf **15 Sek. / Stufe 3** zu einer glatten Masse vermixen. Evtl. nach dem Mixen den Teig mit einem Teigschaber glatt rühren.

6. Den Teig in die Springform (Boden mit Backpapier belegt) geben und verstreichen. Die frischen oder gefrorenen Johannisbeeren gleichmäßig darauf verteilen.

7. Die Springform auf dem Rost in den vorgeheizten Backofen (mittlere Schiene) schieben. Den Kuchen in **etwa 45 Minuten goldbraun backen.**

8. Den Kuchen auf einen Kuchenrost stellen und in der Springform erkalten lassen. Dann den Kuchen aus der Springform lösen und das Backpapier entfernen. Den Kuchen auf einen Servierteller legen.

9. Zum Bestreichen das Johannisbeergelee mit Zucker in den Mixtopf geben und **2 Min. / 100 °C / Stufe 2** auflösen. Das Gelee auf dem Kuchen verstreichen und erkalten lassen.

Gugelhupf

(Titelrezept)

Zubereitungszeit: 10 Minuten, ohne Abkühlzeit
Backzeit: etwa 60 Minuten

ZUTATEN FÜR 20 STÜCKE

Für die Gugelhupfform
(Ø etwa 22 cm, etwa 2 l Inhalt):

20 g	Butter (zimmerwarm)
10 g	Weizenmehl

FÜR DEN TEIG:

250 g	Weizenmehl
150 g	Speisestärke
3 gestr. TL	Backpulver
½ gestr. TL	Natron
250 g	Rohrohrzucker
5	Eier (Größe M)
250 g	Butter oder Margarine (zimmerwarm)
2 Pck.	Geriebene Zitronenschale

ZUM GARNIEREN:

150 g	Rohrohrzucker
25–30 g	Zitronensaft
einige	Himbeeren

PRO STÜCK:

E: 3 g, F: 13 g, Kh: 36 g, kcal: 271

1. Den Backofen vorheizen.
Ober-/Unterhitze: etwa 170 °C
Heißluft: etwa 150 °C

2. Für den Teig eine Schüssel auf den Mixtopfdeckel stellen, Mehl mit Stärke, Backpulver und Natron abwiegen, vermischen und kurz zur Seite stellen.

3. Zucker in den Mixtopf geben und **8 Sek./Stufe 10** pulverisieren. Eier, Butter oder Margarine und Zitronenschale hinzugeben. Den Mixtopf verschließen, **1 Min./Stufe 5** verrühren.

4. Die Mehlmischung hinzugeben und im verschlossenen Topf **30 Sek./Stufe 5** unterrühren.

5. Den Teig in die Gugelhupfform (mit Butter gefettet, mit Mehl ausgestäubt) füllen und glatt streichen. Die Form auf dem Rost in den vorgeheizten Backofen (unteres Drittel) schieben. Den Kuchen **etwa 60 Minuten backen.**

6. Die Form auf einen Kuchenrost stellen und etwa 10 Minuten abkühlen lassen, dann den Kuchen auf den Kuchenrost stürzen und abkühlen lassen.

7. Für den Guss Rohrohrzucker in den Mixtopf geben, **20 Sek./Stufe 10** pulverisieren und mit dem Spatel nach unten schieben. Zitronensaft hinzufügen und **15 Sek./Stufe 4** zu einem Guss verarbeiten. Gugelhupf damit bestreichen und mit den Himbeeren garnieren.

Vom Blech weg genießen.

KUCHEN VOM BLECH

Donauwellen

Zubereitungszeit: etwa 40 Minuten,
ohne Abkühl- und Kühlzeit
Backzeit: etwa 35 Minuten

ZUTATEN FÜR 20 STÜCKE

Für das Backblech (40 x 30 cm) mit hohem Rand:

etwas Butter oder Margarine (zimmerwarm)

FÜR DEN RÜHRTEIG:

250 g	Butter oder Margarine (zimmerwarm)
200 g	Zucker
1 Pck.	Vanillin-Zucker
1 Prise	Salz
700 g	abgetropfte Sauerkirschen (aus dem Glas)
5	Eier (Größe M)
375 g	Weizenmehl
3 gestr. TL	Backpulver
20 g	Kakaopulver
1 EL	Milch

FÜR DIE BUTTERCREME:

500 g	Milch
1 Pck.	Pudding-Pulver Vanille-Geschmack
100 g	Zucker
250 g	Butter (zimmerwarm)

FÜR DEN GUSS:

200 g	Zartbitter-Schokolade
2 EL	Speiseöl, z. B. Sonnenblumenöl

PRO STÜCK:

E: 6 g, F: 29 g, Kh: 42 g, kcal: 456

1. Das Backblech fetten. Den Backofen vorheizen.
Ober-/Unterhitze: etwa 180 °C
Heißluft: etwa 160 °C

2. Für den Teig Butter oder Margarine in kleinen Stücken, Zucker, Vanillin-Zucker und Salz in den Mixtopf geben und **1 Min. / Stufe 4** verrühren. Mit dem Spatel nach unten schieben. Rühraufsatz einsetzen, die Fett-Zucker-Masse **3 Min. / Stufe 3,5** cremig rühren.

3. Den Messbecher entfernen. Fett-Zucker-Masse weitere **2,5 Min. / Stufe 2,5** rühren, dabei nach und nach die Eier dazugeben und unterrühren. Rühraufsatz entfernen.

4. Nacheinander Mehl und Backpulver in den Mixtopf geben. Den Spatel einsetzen. Die Zutaten mit Hilfe des Spatels **15 Sek. / Stufe 4** unterrühren. Knapp zwei Drittel des Teiges auf das Backblech streichen. Kakao und Milch in den Mixtopf geben und **10 Sek. / Stufe 2** verrühren. Den dunklen Teig auf den hellen Teig streichen.

5. Die abgetropften Sauerkirschen kurz auf Küchenpapier legen, auf dem dunklen Teig verteilen und mit einem Löffel etwas in den Teig drücken. Das Backblech in den vorgeheizten Backofen (unteres Drittel) schieben. Den Boden **etwa 35 Minuten backen.** Mixtopf reinigen.

6. Das Backblech auf einen Kuchenrost stellen, die Gebäckplatte erkalten lassen.

7. Für die Buttercreme Milch, Puddingpulver und Zucker in den Mixtopf geben, **3 Sek. / Stufe 5** verrühren. Anschließend **9 Min. / 100 °C / Stufe 3** kochen und in eine Schüssel umfüllen. Direkt auf die Oberfläche des heißen Puddings Frischhaltefolie legen, damit sich keine Haut bildet. Pudding erkalten lassen (nicht kalt stellen).

8. Die Butter in kleinen Stücken in den Mixtopf geben, **15 Sek. / Stufe 3** verrühren und mit dem Spatel nach unten schieben. Dann **3 Min. / Stufe 3** weiterrühren, dabei esslöffelweise den abgekühlten Pudding durch die Deckelöffnung in den Mixtopf geben. Buttercreme auf der Gebäckplatte verstreichen. Das Ganze etwa 1 Stunde in den Kühlschrank stellen.

9. Für den Guss die Schokolade in Stücke brechen, in den Mixtopf geben, **6 Sek./Stufe 8** zerkleinern und mit dem Spatel nach unten schieben. Das Öl zugeben und **4 Min./45 °C/Stufe 1,5** schmelzen. Den Guss auf die fest gewordene Buttercreme streichen und mit einem Tortengarnierkamm verzieren.

TIPP:

T Der Kuchen ist gefriergeeignet. Wenn Sie kein Backblech mit hohem Rand haben, können Sie auch einen Backrahmen in Größe des Backblechs auf ein normales Backblech stellen und den Kuchen wie im Rezept beschrieben zubereiten.

Kokos-Limetten-Kuchen

Zubereitungszeit: 30 Minuten, ohne Ruhe- und Abkühlzeit
Backzeit: etwa 30 Minuten

ZUTATEN FÜR 25 STÜCKE

Für das Backblech (etwa 30 x 40 cm):

1	Backrahmen
	Backpapier

FÜR DEN TEIG:

100 g	Weizenmehl
1 ½ gestr.	
TL	Backpulver
je ½ TL	gem. Kardamom, Zimt und Ingwer
120 g	Kokosraspel
170 g	Butter (zimmerwarm)
175 g	feiner Zucker
5	Eier (Größe M – zimmerwarm)
200 g	cremige Kokosmilch

FÜR DEN SIRUP:

5	Bio-Limetten (unbehandelt, ungewachst)
100 g	Zucker
80 g	Wasser

PRO STÜCK:

E: 2 g, F: 11 g, Kh: 15 g, kcal: 172

1. Den Backrahmen in der Größe von etwa 25 x 25 cm auf ein Backblech stellen. Den Rahmen mit einem Bogen Backpapier so auslegen, dass kein Teig auslaufen kann.

2. Den Backofen vorheizen.
Ober-/Unterhitze: etwa 180 °C
Heißluft: etwa 160 °C

3. Für den Teig eine Schüssel auf den Mixtopfdeckel stellen. Mehl mit Backpulver, Gewürzen und Kokosraspeln abwiegen, vermischen und zur Seite stellen.

4. Butter, Zucker und Eier in den Mixtopf geben und **40 Sek. / Stufe 6** schaumig mixen. Kokosmilch hinzugießen und **10 Sek. / Stufe 6** untermixen.

5. Das Mehlgemisch zur flüssigen Masse im Mixtopf geben und **30 Sek. / Stufe 3** zu einem glatten Teig mixen. Den Teig etwa 5 Minuten stehen lassen.

6. Den Teig in der vorbereiteten Form verteilen. Das Backblech in den vorgeheizten Backofen (mittlere Schiene) schieben. Den Kuchen **etwa 30 Minuten backen.**

7. Das Backblech auf einen Kuchenrost stellen. Den Kuchen erkalten lassen.

8. Für den Sirup die Limetten heiß abwaschen, abtrocknen und die Schale mit einem Sparschäler dünn abschälen. Limetten halbieren und auspressen. Limettenschale und Zucker in den Mixtopf geben und **10 Sek. / Stufe 10** pulverisieren. Wasser mit in den Mixtopf geben und **5 Min. / Varoma / Stufe 1** kochen lassen. Den Sirup abkühlen lassen und den Limettensaft unterrühren.

9. Den Kuchen mit dem Sirup tränken. Sirup noch kurz einziehen lassen. Den Backrahmen lösen und entfernen. Kuchen in etwa 5 x 5 cm große Stücke schneiden.

TIPP:

Den Kuchen mit Limettenzesten verzieren.

Buttermilch-Kirsch-Schnitten

Zubereitungszeit: etwa 40 Minuten, ohne Abkühl- und Kühlzeit
Backzeit: etwa 15 Minuten

ZUTATEN FÜR 12 STÜCKE

Für das Backblech (40 x 30 cm):

etwas	Butter oder Margarine (zimmerwarm)
	Backrahmen

FÜR DEN KNETTEIG:

100 g	Butter oder Margarine (zimmerwarm)
200 g	Weizenmehl
1 gestr. TL	Backpulver
100 g	Zucker
1 Pck.	Vanillin-Zucker
1	Ei (Größe M)
1 EL	Wasser

FÜR DEN BELAG:

12 Blatt	weiße Gelatine
150 g	Zucker
500 g	gekühlte Schlagsahne (mind. 30 % Fett)
500 g	Buttermilch
1	Bio-Zitrone (unbehandelt, ungewachst)

FÜR DAS KIRSCHKOMPOTT:

250 g	Kirschsaft (von den Sauerkirschen aus dem Glas)
350 g	abgetropfte Sauerkischen (aus dem Glas)
40 g	Zucker
15 g	Speisestärke

PRO STÜCK:

E: 7 g, F: 21 g, Kh: 49 g, kcal: 417

1. Das Backblech fetten. Den Backofen vorheizen.
Ober-/Unterhitze: etwa 200 °C
Heißluft: etwa 180 °C

2. Für den Teig die Butter oder Margarine in kleinen Stücken in den Mixtopf geben. Restliche Zutaten hinzufügen und **40 Sek./ Knetstufe** zu einem Teig kneten. Dann mit den Händen zu einer Rolle formen.

3. Den Teig auf dem Backblech zu einem Quadrat (etwa 25 x 25 cm) ausrollen, mit einer Gabel mehrmals einstechen und den Backrahmen in der Größe des Teigquadrates darumstellen. Das Backblech in den vorgeheizten Backofen (mittlere Schiene) schieben. Den Teig etwa **15 Minuten backen.**

4. Das Backblech auf einen Kuchenrost stellen und den Boden mit dem Backrahmen erkalten lassen.

5. Für den Belag die Gelatine nach Packungsanleitung in einer Schüssel einweichen. Zucker in den Mixtopf geben und **10 Sek./Stufe 10** pulverisieren und mit dem Spatel nach unten schieben.

6. Rühraufsatz einsetzen. Sahne zum Puderzucker in den Mixtopf geben, auf **Stufe 3**, ohne Zeiteinstellung, halbsteif schlagen (etwa 2 Minuten). Zwischendurch die Festigkeit der Sahne kontrollieren. Wird die Sahne zu lange geschlagen, gerinnt sie. Rühraufsatz entfernen. Sahne in eine Schüssel füllen und zugedeckt kalt stellen. Mixtopf reinigen.

7. Die Zitrone heiß abwaschen, abtrocknen und die Schale fein abreiben. 100 g Buttermilch in den Mixtopf geben, die Gelatine leicht ausdrücken, dazugeben, **2 Min./40 °C/Stufe 2** auflösen und mit dem Spatel nach unten schieben. Restliche Buttermilch und Zitronenschale zur Gelatine geben und **10 Sek./Stufe 4** verrühren. Sahne in den Mixtopf geben und **15 Sek./Stufe 3** unterheben.

8. Creme auf dem erkalteten Gebäckboden verteilen und glatt streichen. Mit einem Tortengarnierkamm ein Muster in die Oberfläche ziehen. Den Kuchen etwa 2 Stunden in den Kühlschrank stellen.

9. Für das Kirschkompott in der Zwischenzeit Saft, Zucker und Speisestärke in den Mixtopf geben und **4 Sek./Stufe 4** verrühren, dann **6 Min./100 °C/Stufe 3** kochen. Die Kirschen dazugeben und **12 Sek./↺ Stufe 1** unterrühren. Das Kompott in eine Schüssel füllen und erkalten lassen.

10. Den Backrahmen mit einem Messer vorsichtig lösen und entfernen. Den Kuchen in Schnitten teilen. Die Schnitten bis zum Servieren in den Kühlschrank stellen. Zum Servieren etwas Kompott auf jede Schnitte geben.

Butterkuchen mit Nusskruste

Zubereitungszeit: etwa 15 Minuten, ohne Teiggehzeit
Backzeit: etwa 15 Minuten

ZUTATEN FÜR 20 STÜCKE

Für das Backblech (40 x 30 cm):

etwas	Butter oder Margarine (zimmerwarm)

FÜR DEN HEFETEIG:

200 g	Milch
50 g	Butter
375 g	Weizenmehl
1 Pck.	Trockenbackhefe
60 g	Zucker
1 Pck.	Vanillin-Zucker
1 Prise	Salz
1	Ei (Größe M)

FÜR DEN BELAG:

100 g	grob gehackte Haselnuss- oder Walnusskerne
100 g	kalte Butter
85 g	Zucker
8 EL	Schlagsahne

PRO STÜCK:

E: 4 g, F: 10 g, Kh: 22 g, kcal: 195

1. Für den Teig Milch und Butter oder Margarine in den Mixtopf geben und **2 Min./37 °C/Stufe 2** erwärmen.

2. Übrige Teigzutaten dazugeben und **4 Min./ Knetstufe** zu einem glatten Teig verarbeiten. Den Teig in eine Schüssel geben und zugedeckt an einem warmen Ort so lange gehen lassen, bis sich das Volumen verdoppelt hat (etwa 30 Minuten).

3. Das Backblech fetten. Den Backofen vorheizen.
Ober-/Unterhitze: etwa 200 °C
Heißluft: etwa 180 °C

4. Den Teig leicht mit Mehl bestäuben, aus der Schüssel nehmen und auf der leicht bemehlten Arbeitsfläche nochmals kurz durchkneten. Den Teig auf dem Backblech ausrollen.

5. Für den Belag grob gehackte Haselnuss- oder Walnusskerne auf dem Hefeteig verteilen. Dann Butterflöckchen und Zucker darauf verteilen. Zuletzt den Teig mit der Sahne beträufeln. Den Teig nochmals so lange an einem warmen Ort gehen lassen, bis er sich sichtbar vergrößert hat.

6. Das Backblech auf mittlerer Einschubleiste in den vorgeheizten Backofen schieben. Den Kuchen **etwa 15 Minuten backen.**

7. Das Backblech auf einen Kuchenrost stellen und den Kuchen darauf erkalten lassen.

Butter-Apfelkuchen

Zubereitungszeit: etwa 25 Minuten, ohne Teiggehzeit
Backzeit: etwa 25 Minuten

ZUTATEN FÜR 20 STÜCKE

Für das Backblech (40 x 30 cm):
etwas Butter oder Margarine (zimmerwarm)

FÜR DEN HEFETEIG:

200 g	Milch
50 g	Butter oder Margarine (zimmerwarm)
375 g	Weizenmehl
1 Pck.	Trockenbackhefe
50 g	Zucker
1 Pck.	Vanillin-Zucker
1 Prise	Salz
1	Ei (Größe M)

FÜR DEN BELAG:

etwa 1½ kg	säuerliche Äpfel, z. B. Boskoop
3 EL	Zitronensaft
40 g	Korinthen
70 g	Butter
50 g	Zucker
½–1 TL	gem. Zimt

PRO STÜCK:

E: 3 g, F: 6 g, Kh: 28 g, kcal: 764

1. Für den Teig Milch und Butter oder Margarine in den Mixtopf geben und **2 Min./37°C/Stufe 2** erwärmen.

2. Übrige Teigzutaten dazugeben und **4 Min./ Knetstufe** zu einem glatten Teig verarbeiten. Den Teig im Mixtopf zugedeckt an einem warmen Ort so lange gehen lassen, bis sich das Volumen verdoppelt hat (etwa 30 Minuten).

3. Den Teig leicht mit Mehl bestäuben, aus dem Mixtopf nehmen, auf der leicht bemehlten Arbeitsfläche nochmals kurz durchkneten und zu einer Rolle formen. Den Teig auf dem Backblech ausrollen.

4. Den Backofen vorheizen.
Ober-/Unterhitze: etwa 200 °C
Heißluft: etwa 180 °C

5. Für den Belag die Äpfel schälen, vierteln und entkernen. Apfelviertel und Zitronensaft in den Mixtopf geben, den Spatel einsetzen und mit Hilfe des Spatels **8 Sek./Stufe 4,5** zerkleinern. Die Apfelmasse auf den Teig geben und glatt streichen. Die Korinthen darauf verteilen und mit einem Löffel leicht andrücken.

6. Die Butter in den Mixtopf geben, **2 Min./45 °C/ Stufe 2** schmelzen und auf die Apfelmasse träufeln. Zucker und Zimt mischen und auf die Apfelmasse streuen.

7. Den Teig nochmals so lange an einem warmen Ort gehen lassen, bis er sich sichtbar vergrößert hat.

8. Das Backblech in den vorgeheizten Backofen (mittlere Schiene) schieben. Den Kuchen **etwa 25 Minuten backen.**

9. Das Backblech auf einen Kuchenrost stellen und den Kuchen darauf erkalten lassen.

Rosa Zitrusschnitten

Zubereitungszeit: 20 Minuten, ohne Abkühl- und Kühlzeit
Backzeit: etwa 20 Minuten
Mit Alkohol

ZUTATEN FÜR 20 STÜCKE

Für das Backblech (40 x 30 cm):
Backpapier

FÜR DEN TEIG:

120 g	Weizenmehl
2 Pck.	Pudding-Pulver Sahne-Geschmack
2 gestr. TL	Backpulver
1 gestr. TL	Natron
1	Bio-Zitrone (unbehandelt, ungewachst)
5	Eier (Größe M)
120 g	Zucker
1 Pck.	Vanillin-Zucker
20 g	Orangenlikör
150 g	Magerquark
200 g	Rapsöl

FÜR DEN BELAG:

300 g	Schlagsahne (mind. 30 % Fett)
100 g	Puderzucker
1 Pck.	Vanillin-Zucker
4	rosa Grapefruits
2	Orangen
100 g	Magerquark
1 gestr. TL	gem. Koriander
1 EL	Rote-Bete-Saft (oder 1 Msp. rote Speisefarbpaste)
2 Beutel aus 1 Pck.	Gelatine fix (30 g)
150 g	Quittengelee
20 g	Zucker

PRO STÜCK:

E: 5 g, F: 16 g, Kh: 31 g, kcal: 300

1. Den Backofen vorheizen.
Ober-/Unterhitze: etwa 180 °C
Heißluft: etwa 160 °C.

2. Für den Teig eine Schüssel auf den Mixtopfdeckel stellen, Mehl mit Pudding-Pulver, Backpulver und Natron abwiegen, vermischen und kurz zur Seite stellen.

3. Zitrone heiß abwaschen, abtrocknen, Schale fein abreiben. Die Zitrone so schälen, dass die weiße Haut mit entfernt wird. Zitrone vierteln, mit der Zitronenschale in den Mixtopf geben. Restliche Zutaten hinzugeben, im verschlossenen Mixtopf **35 Sek./Stufe 6** schaumig mixen. Die Mehlmischung hinzugeben und im verschlossenen Mixtopf kurz **15 Sek./Stufe 3** untermixen. Evtl. anschließend den Teig mit einem Teigschaber glatt rühren.

4. Den Teig auf das Backblech (mit Backpapier belegt) gießen und glatt streichen. Backblech in den vorgeheizten Backofen (mittlere Schiene) schieben. Kuchen **etwa 20 Minuten backen.**

5. Das Backblech auf einen Kuchenrost stellen. Kuchen erkalten lassen.

6. Für den Belag Rühraufsatz (Schmetterling) in den Mixtopf einsetzen. Gut gekühlte Sahne in den Mixtopf geben und **Stufe 3** ohne Zeiteistellung rühren, bis die Sahne cremig fest bis fest ist. Puder- und Vanillin-Zucker nach etwa **20 Sek.** über die Mixtopfdeckelöffnung einrieseln lassen und unterrühren. Hat die Sahne die gewünschte Festigkeit erreicht, Rühraufsatz entfernen, Sahne umfüllen und kalt stellen.

7. Grapefruits und Orangen so schälen, dass die weiße Haut mit entfernt wird. Eine geschälte Grapefruit vierteln, in den Mixtopf geben. Restliche Grapefruits und Orangen filetieren, abtropfen lassen, zugedeckt kühl stellen.

8. Quark, Koriander und Saft (oder Farbpaste) zur Grapefruit in den Mixtopf geben, im verschlossenen Mixtopf **45 Sek./Stufe 6** mixen. Dann Gelatine fix bei laufendem Mixer durch die Deckelöffnung nach und nach hinzugeben und **50 Sek./Stufe 3** untermixen. Püree unter die Sahne rühren.

10. Belag auf dem Kuchen verstreichen. Den Kuchen zugedeckt etwa 1 Stunde in den Kühlschrank stellen.

11. Den Kuchen in Stücke schneiden. Abgetropfte Fruchtfilets darauf verteilen. Quittengelee mit Zucker in den Mixtopf geben und **2 Min./Varoma/Stufe 1** aufkochen. Gelee etwas abkühlen lassen, bis es zu gelieren beginnt, dann auf die Zitrusfilets geben. Kuchenstücke servieren.

Thüringer Streuselkuchen

Zubereitungszeit: 15 Minuten,
ohne Teiggeh- und Abkühlzeit
Backzeit: etwa 20 Minuten

ZUTATEN FÜR 20 STÜCKE

Für das Backblech (40 x 30 cm):
etwas Butter oder Margarine (zimmerwarm)

FÜR DEN HEFETEIG:

- 200 g Milch
- 50 g Butter oder Margarine (zimmerwarm)
- 375 g Weizenmehl
- 1 Pck. Trockenbackhefe
- 50 g Zucker
- 1 Pck. Vanillin-Zucker
- 1 Prise Salz
- 1 Ei (Größe M)

ZUM BESTREICHEN:

- 40 g Butter

FÜR DIE STREUSEL:

- 170 g Zucker
- 1 Pck. Vanillin-Zucker
- 300 g Weizenmehl
- 200 g Butter oder Margarine
- 10 g Kakaopulver

ZUM BETRÄUFELN:

- 100 g Butter
- 125 g Milch

PRO STÜCK:

E: 5 g, F: 18 g, Kh: 37 g, kcal: 325

1. Für den Teig Milch und Butter oder Margarine in den Mixtopf geben und **2 Min. / 37 °C / Stufe 2** erwärmen.

2. Übrige Teigzutaten dazugeben und **4 Min. / Knetstufe** zu einem glatten Teig verarbeiten. Den Teig im Mixtopf zugedeckt an einem warmen Ort so lange gehen lassen, bis sich das Volumen verdoppelt hat (etwa 30 Minuten).

3. Den Teig leicht mit Mehl bestäuben, auf der leicht bemehlten Arbeitsfläche nochmals kurz durchkneten und zu einer Rolle formen. Den Teig auf dem Backblech ausrollen.

4. Zum Bestreichen die Butter in den Mixtopf geben, **1 Min. / 45 °C / Stufe 2** schmelzen und auf den Hefeteig streichen. Den Mixtopf reinigen.

5. Für die Streusel den Zucker in den Mixtopf geben, **20 Sek. / Stufe 10** pulverisieren. Puderzucker mit dem Spatel nach unten schieben. 2 Esslöffel des Puderzuckers aus dem Mixtopf nehmen und zum Bestreuen beiseite stellen.

6. Nacheinander Vanillin-Zucker, Mehl und die Butter oder Margarine in kleinen Stücken zum restlichen Puderzucker in den Mixtopf geben und **15 Sek. / Stufe 5** zu Streuseln verarbeiten. Die Hälfte der Streusel auf dem Teig verteilen. Kakao auf die restlichen Streusel in den Mixtopf geben und **5 Sek. / Stufe 3** unterheben. Die Kakaostreusel fleckenartig auf den Kuchen streuen. Teig nochmals so lange an einem warmen Ort gehen lassen, bis er sich sichtbar vergrößert hat.

7. In der Zwischenzeit den Backofen vorheizen.
Ober-/Unterhitze: etwa 200 °C
Heißluft: etwa 180 °C

8. Das Backblech in den vorgeheizten Backofen (mittlere Schiene) schieben. Den Kuchen **etwa 20 Minuten backen.**

9. Das Backblech auf einen Kuchenrost stellen. Zum Beträufeln Butter in kleinen Stücken und Milch in den Mixtopf geben. **2 Min. / 50 °C / Stufe 1,5** erhitzen und auf den warmen Kuchen träufeln. Den Kuchen auf dem Rost erkalten lassen und anschließend mit dem restlichen Puderzucker bestreuen.

Holzfäller-Schnitten

Zubereitungszeit: etwa 25 Minuten, ohne Teiggeh- und Abkühlzeit
Backzeit: etwa 35 Minuten

ZUTATEN FÜR 20 STÜCKE

Für das Backblech (40 x 30 cm) mit hohem Rand (etwa 2 cm):

etwas	Butter oder Margarine (zimmerwarm)

FÜR DEN HEFETEIG:

200 g	Milch
75 g	Butter oder Margarine
375 g	Weizenmehl
1 Pck.	Trockenbackhefe
100 g	Zucker
1 Prise	Salz

FÜR DEN BELAG:

500 g	Milch
100 g	Zucker
1 Pck.	Pudding-Pulver Vanille-Geschmack
4	Eier (Größe M)
750 g	Magerquark
50 g	Speisestärke
150 g	gestiftelte Mandeln

ZUM BESTÄUBEN:

2 EL	Puderzucker

PRO STÜCK:

E: 11 g, F: 10 g, Kh: 32 g, kcal: 264

1. Für den Teig Milch und Butter oder Margarine in den Mixtopf geben und **2 Min. / 37 °C / Stufe 2** erwärmen.

2. Übrige Teigzutaten dazugeben und **4 Min. / Knetstufe** zu einem glatten Teig verarbeiten. Den Teig in eine Schüssel geben und zugedeckt an einem warmen Ort so lange gehen lassen, bis sich das Volumen verdoppelt hat (etwa 30 Minuten).

3. Inzwischen für den Belag Milch, Zucker und Puddingpulver in den Mixtopf geben. Die Zutaten **3 Sek. / Stufe 5** verrühren. Anschließend **6 Min. / 100 °C / Stufe 3** kochen. Den Pudding etwas abkühlen lassen.

4. Das Backblech fetten. Den Backofen vorheizen.
Ober-/Unterhitze: etwa 200 °C
Heißluft: etwa 180 °C

5. Den Teig leicht mit Mehl bestäuben, aus der Schüssel nehmen, auf der leicht bemehlten Arbeitsfläche nochmals kurz durchkneten, zu einer Rolle formen und auf dem Backblech ausrollen.

6. Quark, Eier und Speisestärke zum Pudding in den Mixtopf geben, **20 Sek. / Stufe 4,5** verrühren. Die Masse auf dem Teig verstreichen und mit den Mandeln bestreuen.

7. Das Backblech in den vorgeheizten Backofen (unteres Drittel) schieben. Den Kuchen **etwa 35 Minuten backen.**

8. Den gebackenen Kuchen auf dem Backblech auf einem Kuchenrost erkalten lassen. Anschließend mit Puderzucker bestäuben.

TIPP:

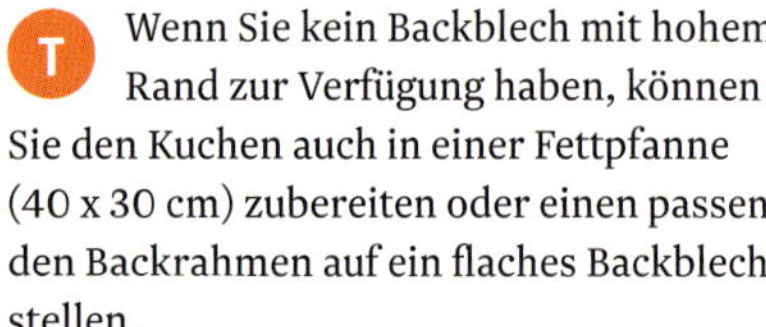

Wenn Sie kein Backblech mit hohem Rand zur Verfügung haben, können Sie den Kuchen auch in einer Fettpfanne (40 x 30 cm) zubereiten oder einen passenden Backrahmen auf ein flaches Backblech stellen.

Schoko-Brownies mit Toffee-Guss

Zubereitungszeit: 70 Minuten, ohne Abkühlzeit
Backzeit: 15–20 Minuten

ZUTATEN FÜR 48 STÜCKE

Für das Backblech (40 x 30 cm):

etwas	Butter oder Margarine (zimmerwarm)

FÜR DEN TEIG:

200 g	Zartbitter-Schokolade
150 g	brauner Rohrzucker
250 g	Butter oder Margarine (zimmerwarm)
150 g	Weizenmehl
2 gestr. TL	Backpulver
120 g	abgezogene, gehackte Mandeln
2 Pck.	Vanillin-Zucker
1 Prise	Salz
30 g	Kakaopulver
4	Eier (Größe M)
70 g	Milch (3,5 % Fett)

FÜR DIE CREME:

400 g	Sahne-Toffees (z. B. Muh-Muhs)
400 g	süße Kondensmilch (oder 1 Dose, 397 g)
200 g	Schlagsahne (mind. 30 % Fett)
100 g	Butter (zimmerwarm)

ZUM BESTREUEN :

evtl. etwas	Meersalz, z. B. Fleur de Sel

PRO STÜCK:

E: 3 g, F: 13 g, Kh: 18 g, kcal: 40

1. Das Backblech einfetten. Den Backofen vorheizen.
Ober-/Unterhitze: etwa 180 °C
Heißluft: etwa 160 °C

2. Für den Teig die Schokolade in Stücke brechen, in den Mixtopf geben, braunen Zucker dazugeben, **10 Sek./ Stufe 8** zerkleinern und mit dem Spatel nach unten schieben.

3. Butter oder Margarine in kleinen Stücken dazugeben. Restliche Zutaten für den Teig hinzufügen. Die Zutaten **2 Min./Stufe 4** verrühren.

4. Den Teig auf das Backblech geben und glatt streichen. Das Backblech in den vorgeheizten Backofen (mittlere Schiene) schieben. Die Gebäckplatte **15–20 Minuten backen.**

5. Das Backblech auf einen Kuchenrost stellen. Die Gebäckplatte erkalten lassen.

6. Für die Creme die Toffees in den Mixtopf geben und **15 Sek./Stufe 7** grob zerkleinern. Restliche Zutaten dazugeben. Anstelle des Messbechers den Gareinsatz als Spritzschutz auf den Deckel stellen. Die Zutaten **60 Min./Varoma/Stufe 2** köcheln lassen. Die Creme etwa 15 Minuten im geöffneten Mixtopf abkühlen lassen.

7. Die Creme auf dem Gebäckboden verteilen, glatt streichen und mindestens 2 Stunden erkalten lassen.

8. Das Gebäck evtl. mit etwas Salz bestreuen. Zum Schneiden die Messerklinge zwischendurch in lauwarmes Wasser tauchen und mit Küchenpapier abwischen.

TIPP:

T Die Mandeln vorher in einer Pfanne ohne Fett bei schwacher Hitze unter Rühren goldbraun rösten und auf einem Teller abkühlen lassen. Der Mandelgeschmack ist dann noch intensiver.

Schokoladen-Rum-Schnitten

Zubereitungszeit: 20 Minuten, ohne Abkühl- und Kühlzeit
Backzeit: etwa 14 Minuten
Mit Alkohol

ZUTATEN FÜR 12 STÜCKE

Für das Backblech (etwa 30 x 40 cm):
Backpapier

FÜR DEN TEIG:

120 g	Weizenmehl
40 g	Speisestärke
3 gestr. TL	Backpulver
100 g	Zartbitter-Kuvertüre
4	Eier (Größe M)
3 EL	Rum
100 g	Orangensaft
130 g	brauner Zucker
1 Pck.	Bourbon-Vanille-Zucker
50 g	Haselnussöl
150 g	Sonnenblumenöl

FÜR DIE CREME:

300 g	Zartbitter-Kuvertüre
300 g	Schlagsahne
1 Pck.	Bourbon-Vanille-Zucker
etwa 100 g	Heidelbeeren

PRO STÜCK:

E: 6 g, F: 38 g, Kh: 40 g, kcal: 533

1. Den Backofen vorheizen.
Ober-/Unterhitze: etwa 180 °C
Heißluft: etwa 160 °C

2. Für den Teig eine Schüssel auf den Mixtopfdeckel stellen, Mehl mit Stärke und Backpulver abwiegen, vermischen und zur Seite stellen.

3. Die Kuvertüre grob hacken und in den Mixtopf geben. Eier, Rum, Orangensaft, Zucker, Vanille-Zucker, Haselnussöl und Sonnenblumenöl hinzugeben. Den Mixtopf verschließen und alles **30 Sek./Stufe 6** schaumig mixen, bis die Kuvertüre fein zerkleinert ist.

4. Die Mehlmischung hinzugeben und im verschlossenen Mixtopf kurz **20 Sek./Stufe 3** untermixen. Evtl. nach dem Mixen den Teig mit einem Teigschaber glatt rühren.

5. Den Teig auf dem Backblech (mit Backpapier belegt) verstreichen. Das Backblech in den vorgeheizten Backofen (mittlere Schiene) schieben. Die Gebäckplatte **etwa 14 Minuten backen.**

6. Das Backblech auf einen Kuchenrost stellen. Gebäckplatte erkalten lassen.

7. Für die Creme Kuvertüre grob hacken und in den Mixtopf geben, **6 Sek./Stufe 8** zerkleinern und mit dem Spatel nach unten schieben. Sahne mit in den Mixtopf geben und **6 Min./60 °C/Stufe 2** verrühren, bis eine glatte, glänzende Masse entstanden ist.

8. Die Creme auf die Gebäckplatte gießen und mit einem Löffel darauf verstreichen. Die Gebäckplatte etwa 40 Minuten kalt stellen.

9. Die Gebäckplatte so halbieren, das zwei Hälften (je etwa 30 x 20 cm) entstehen, das Backpapier entfernen. Die Gebäckplatten jeweils mit der Creme nach oben aufeinanderlegen. Evtl. die Seiten des Kuchens gerade schneiden. Kuchen evtl. nochmals kalt stellen, bis die Creme fest ist.

10. Heidelbeeren verlesen, abspülen und trocken tupfen. Zum Servieren den Kuchen in Schnitten schneiden und mit den Heidelbeeren belegen.

Spaghettikuchen

Zubereitungszeit: 50 Minuten, ohne Abkühl- und Kühlzeit
Backzeit: etwa 10 Minuten

ZUTATEN FÜR 20 STÜCKE

Für das Backblech (40 x 30 cm):

etwas	Butter oder Margarine (zimmerwarm)
	Weizenmehl

FÜR DEN BISKUITTEIG:

4	Eier (Größe M)
40 g	Wasser
125 g	Zucker
1 Pck.	Vanillin-Zucker
125 g	Weizenmehl
25 g	Speisestärke
1 gestr. TL	Backpulver

FÜR DEN BELAG:

500 g	Schlagsahne (mind. 30 % Fett)
1 Pck.	Käse-Sahne-Tortencreme (Pulver)
200 g	lauwarmes Wasser
500 g	Speisequark

FÜR DIE „SPAGHETTI“:

600 g	Schlagsahne (mind. 30 % Fett)
100 g	Getränkepulver Orangen-Geschmack
1 Pck.	Käse-Sahne-Tortencreme (Pulver)
200 g	lauwarmes Wasser

FÜR DAS ERDBEERPÜREE:

500 g	Erdbeeren
2 Pck.	Dekorzucker (je 20 g) aus der Käse-Sahne-Tortencreme-Packung

PRO STÜCK:

E: 8 g, F: 18 g, Kh: 34 g, kcal: 328

1. Das Backblech einfetten und mit Mehl bestäuben. Den Backofen vorheizen.
Ober-/Unterhitze: etwa 200 °C
Heißluft: etwa 180 °C

---

2. Für den Teig den Rühraufsatz einsetzen. Eier, Wasser, Zucker und Vanillin-Zucker in den Mixtopf geben und **6 Min./37 °C/Stufe 3,5** aufschlagen. Anschließend **6 Min./Stufe 3,5** schlagen.

---

3. Mehl, Speisestärke und Backpulver auf die Eiermasse (Rühraufsatz bleibt im Mixtopf) in den Mixtopf streuen und **7 Sek./Stufe 2** unterheben. Den Teig gleichmäßig auf das Backblech geben und glatt streichen. Backblech in den vorgeheizten Backofen (mittlere Schiene) schieben. Die Biskuitplatte **etwa 10 Minuten backen.**

---

4. Das Backblech auf einen Kuchenrost stellen. Biskuit erkalten lassen. Einen Backrahmen um die Gebäckplatte stellen.

---

5. Für den Belag den Rühraufsatz einsetzen, die Sahne in den Mixtopf geben und ohne Zeiteinstellung, **Stufe 3**, halb steif schlagen (etwa 2 Min). Dabei mehrfach die Festigkeit der Sahne kontrollieren. Wird die Sahne zu lange geschlagen, gerinnt sie. Die Sahne kalt stellen. Den Mixtopf reinigen.

---

6. Cremepulver in den Mixtopf geben, warmes Wasser dazugeben. **15 Sek./Stufe 3** verrühren. Den Quark dazugeben und **30 Sek./Stufe 4** unterrühren. Den Messbecher entfernen. Die Sahne in den Mixtopf geben, den Spatel einsetzen. Die Sahne mit Hilfe des Spatels **20 Sek./Stufe 3** unterrühren. Anschließend die Creme mit Hilfe des Spatels vom Rand lösen und umrühren. Die Creme auf die Biskuitplatte geben, glatt streichen. Den Kuchen 2–3 Stunden in den Kühlschrank stellen. Den Kuchen in Stücke schneiden.

---

7. Für die „Spaghetti“ den Rühraufsatz einsetzen. Die Sahne ohne Zeiteinstellung, **Stufe 3**, halb steif schlagen (etwa 2,5 Min.). Dabei zwischendurch mehrfach die Festigkeit der Sahne kontrollieren. Wird die Sahne zu lange geschlagen, gerinnt sie. Die Sahne kalt stellen. Den Mixtopf reinigen.

---

8. Getränkepulver, Cremepulver und Wasser in den Mixtopf geben, **20 Sek./Stufe 4** verrühren. Messbecher entfernen. Die Sahne hinzugeben, den Spatel einsetzen. Die Sahne mit Hilfe des Spatels

20 Sek. / Stufe 3 unterrühren. Die Creme mit Hilfe des Spatels vom Rand lösen und umrühren. Die Hälfte der Creme in einen Gefrierbeutel füllen und eine kleine Ecke abschneiden. Die Creme zu „Spaghettinestern" auf den Kuchen spritzen. Den Mixtopf reinigen.

9. Für das Püree die Erdbeeren abspülen, trocken tupfen und entstielen. Erdbeeren und den Dekorzucker in den Mixtopf geben und **40 Sek. / Stufe 8** pürieren. Kurz vor dem Servieren etwas Erdbeerpüree auf die Spaghettinester geben. Das restliche Erdbeerpüree dazu servieren.

Apfel-Rum-Kuchen

Zubereitungszeit: 35 Minuten, ohne Quell- und Abkühlzeit
Backzeit: etwa 40 Minuten
Mit Alkohol

ZUTATEN FÜR 20 STÜCKE

Für das Backblech mit hohem Rand oder eine Fettpfanne (etwa 30 x 40 cm):
Backpapier

ZUM VORBEREITEN:

100 g	Rosinen
50 g	brauner Rum
1 ½ kg	Äpfel
50–60 g	Saft (von 1 Zitrone)

FÜR DEN TEIG:

400 g	Weizenmehl
3 gestr. TL	Backpulver
7	Eier (Größe M)
260 g	brauner Zucker
1 Pck.	Vanillin-Zucker
1 Prise	Salz
300 g	Butter oder Margarine (zimmerwarm)
50 g	Milch (1,5 % Fett)

ZUM BESTREUEN:

50 g	Zucker
1 TL	gem. Zimt
100 g	gehobelte Mandeln

FÜR DIE GLASUR:

225 g	Aprikosenkonfitüre
20 g	Wasser

PRO STÜCK:

E: 6 g, F: 17 g, Kh: 47 g, kcal: 376

1. Den Backofen vorheizen.
Ober-/Unterhitze: etwa 180 °C
Heißluft: etwa 160 °C

2. Zum Vorbereiten Rosinen in ein Sieb geben, mit warmem Wasser abspülen und abtropfen lassen. Rosinen mit dem Rum in einen Topf geben und leicht erwärmen. Den Topf von der Kochstelle nehmen, Rosinen zugedeckt etwa 1 Stunde quellen lassen.

3. Äpfel schälen, vierteln, entkernen und in 2 Durchgängen im Thermomix mit dem Zitronensaft grob zerkleinern. Dafür die Hälfte der vorbereiteten Äpfel mit der Hälfte des Zitronensafts in den Mixtopf geben und **4 Sek. / Stufe 4** grob zerkleinern. Mit der zweiten Hälfte genauso verfahren. Äpfel bis zur Weiterverwendung beiseitestellen.

4. Für den Teig Mehl mit Backpulver in einer Schüssel vermischen.

5. Rühraufsatz in den Mixtopf einsetzen. Eier, Zucker, Vanillin-Zucker, Salz, Butter oder Margarine und Milch in den Mixtopf geben und **60 Sek. / Stufe 4** schaumig mixen.

6. Die Mehlmischung hinzufügen und im verschlossenen Mixtopf mit Rühraufsatz etwa **20 Sek. / Stufe 3** zu einem glatten Teig mixen. Evtl. nach dem Mixen den Teig mit einem Teigschaber glatt rühren.

7. Den Teig auf das Backblech (mit Backpapier ausgelegt) oder in die Fettpfanne (mit Backpapier ausgelegt) geben und glatt streichen. Die Rumrosinen gleichmäßig daraufstreuen. Die Apfelstücke darauf verteilen und leicht in den Teig drücken.

8. Zum Bestreuen Zucker mit Zimt und Mandeln mischen und auf die Apfelwürfel streuen. Das Backblech oder die Fettpfanne in den vorgeheizten Backofen (mittlere Schiene) schieben. Den Apfel-Rum-Kuchen **etwa 40 Minuten backen.**

9. Das Backblech oder die Fettpfanne auf einen Kuchenrost stellen.

10. Für die Glasur Aprikosenkonfitüre und Wasser in den Mixtopf geben und **15 Sek. / Stufe 8** zerkleinern und mit dem Spatel nach unten schieben. Dann die Aprikosenglasur **10 Min. / 100 °C / Stufe 2** einkochen lassen. Den heißen Apfel-Rum-Kuchen damit beträufeln, dann erkalten lassen.

Spiegeleierkuchen

Zubereitungszeit: etwa 30 Minuten, ohne Abkühlzeit
Backzeit: etwa 35 Minuten

ZUTATEN FÜR 20 STÜCKE

Für das Backblech (40 x 30 cm):

etwas	Butter oder Margarine (zimmerwarm)
	Backrahmen

FÜR DEN BELAG:

750 g	Milch
2 Pck.	Pudding-Pulver Vanille-Geschmack
80 g	Zucker
1 Dose	Aprikosenhälften (480 g Abtropfgewicht)
500 g	Crème fraîche

FÜR DEN TEIG:

150 g	Butter oder Margarine (zimmerwarm)
150 g	Zucker
1 Pck.	Vanillin-Zucker
1 Prise	Salz
3	Eier (Größe M)
30 g	Milch
300 g	Weizenmehl
2 gestr. TL	Backpulver
30 g	backfeste Schokotröpfchen

FÜR DEN GUSS:

1 EL	Zitronensaft
2 Pck.	Tortenguss, klar
50 g	Zucker

PRO STÜCK:

E: 5 g, F: 16 g, Kh: 37 g, kcal: 324

1. Für den Belag Milch, Puddingpulver und Zucker in den Mixtopf geben, **3 Sek. / Stufe 5** verrühren, anschließend **9 Min. / 100 °C / Stufe 3** kochen. Den Pudding im Mixtopf auf etwa 70 °C abkühlen lassen. Crème fraîche dazugeben und **20 Sek. / Stufe 4,5** unterrühren. Die Puddingmasse in eine Schüssel füllen. Direkt auf die Oberfläche des Puddings Frischhaltefolie legen. Beiseitestellen.

2. Das Backblech fetten und einen Backrahmen in der Größe des Backblechs daraufstellen. Den Backofen vorheizen.
Ober-/Unterhitze: etwa 180 °C
Heißluft: etwa 160 °C

3. Den Mixtopf reinigen. Aprikosen in einem Sieb abtropfen lassen, dabei den Saft auffangen und für den Guss beiseitestellen.

4. Für den Teig Butter oder Margarine in kleinen Stücken, Zucker, Vanillin-Zucker und Salz in den Mixtopf geben und **10 Sek. / Stufe 5** verrühren. Den Rühraufsatz einsetzen und **2 Min. / Stufe 3,5** rühren. Die Masse mit dem Spatel nach unten schieben.

5. Den Messbecher entfernen. Zutaten im Mixtopf **2 Min. / Stufe 2,5** rühren, dabei nach und nach die Eier durch die Deckelöffnung dazugeben und unterrühren. Den Rühraufsatz entfernen, Butter-Eier-Mischung mit dem Spatel nach unten schieben.

6. Milch, Mehl und Backpulver in den Mixtopf geben und **30 Sek. / Stufe 4** unterrühren. Den Teig auf das Backblech streichen.

7. Die Puddingcreme auf dem Teig verstreichen. Die Aprikosen mit der Wölbung nach oben, mit etwas Abstand zueinander, darauf verteilen. Das Backblech in den vorgeheizten Backofen (mittlere Schiene) schieben. Den Kuchen **etwa 35 Minuten backen.**

8. Den Kuchen auf dem Backblech auf einen Kuchenrost stellen und erkalten lassen.

9. Die Schokotröpfchen **4 Sek. / Stufe 8** zerkleinern und zwischen die Aprikosen auf den Kuchen streuen.

10. Für den Guss den Saft in den Mixtopf geben und mit Zitronensaft und Wasser auf 500 g auffüllen. Tortengusspulver und Zucker dazugeben, **3 Sek./ Stufe 5** verrühren, anschließend **8 Min./100 °C/ Stufe 1** kochen. Den Guss 2 Minuten abkühlen lassen, mit dem Spatel umrühren und mit einem Löffel auf dem Kuchen verteilen. Den Guss fest werden lassen.

11. Den Backrahmen vorsichtig mit einem Messer lösen und entfernen.

Schokino-Walnuss-Kuchen

Zubereitungszeit: 20 Minuten, ohne Abkühlzeit
Backzeit: etwa 35 Minuten

ZUTATEN FÜR 25 STÜCKE

Für das Backblech (etwa 30 x 40 cm):

1	Backrahmen
	Backpapier

FÜR DEN TEIG:

220 g	Roh-Rohrzucker
200 g	Weizenmehl
4 gestr. TL	Backpulver
2 Pck.	Pudding-Pulver Sahne- oder Vanille-Geschmack
½ TL	gem. Zimt
150 g	Kokosmilch
50 g	weißer Schokoladensirup
5	Eier (Größe M)
250 g	Sonnenblumenöl
60 g	Zartbitter-Raspelschokolade
100 g	Walnusskerne

ZUM BESTÄUBEN:

restlicher Puderzucker, aus der Vorbereitung

PRO STÜCK:

E: 3 g, F: 16 g, Kh: 20 g, kcal: 233

1. Den Backrahmen in der Größe von etwa 25 x 25 cm auf ein Backblech stellen. Den Rahmen mit einem Bogen Backpapier so auslegen, dass kein Teig auslaufen kann.

2. Den Backofen vorheizen.
Ober-/Unterhitze: etwa 180 °C
Heißluft: etwa 160 °C

3. Zucker in den Mixtopf geben und **8 Sek./Stufe 10** pulverisieren. Puderzucker in eine Schüssel geben und zur Seite stellen.

4. Für den Teig eine Schüssel auf den Mixtopfdeckel stellen, Mehl mit Backpulver, Pudding-Pulver und Zimt abwiegen, vermischen und zur Seite stellen.

5. Kokosmilch, Schokoladensirup, Eier, 200 g Puderzucker und Sonnenblumenöl in den Mixtopf geben, **30 Sek./Stufe 6** zu einem glatten Teig mixen.

6. Die Mehlmischung zugeben. Das Ganze im verschlossenen Mixtopf **15 Sek./Stufe 3** zu einer glatten Masse mixen. Evtl. nach dem Mixen den Teig mit einem Teigschaber glatt rühren. Etwa zwei Drittel des Teiges in den vorbereiteten Backrahmen füllen.

7. Die Raspelschokolade zum restlichen Teig geben **10 Sek./Stufe 6** mixen. Den Schokoteig auf dem hellen Teig verteilen und mithilfe einer Gabel marmorieren.

8. Die Walnusskerne grob zerbrechen und auf dem Teig verteilen. Etwa 1 Esslöffel Puderzucker daraufsieben.

9. Das Backblech in den vorgeheizten Backofen (mittlere Schiene) schieben. Den Schokino-Walnuss-Kuchen in **etwa 35 Minuten goldbraun backen.**

10. Das Backblech auf einen Kuchenrost stellen und den Kuchen erkalten lassen.

11. Den Kuchen in etwa 5 x 5 cm große Stücke schneiden und mit dem restlichen Puderzucker bestäubt servieren.

Zitronen-Sahne-Rolle

Zubereitungszeit: etwa 35 Minuten, ohne Abkühl- und Kühlzeit
Backzeit: etwa 10 Minuten

ZUTATEN FÜR 16 STÜCKE

Für das Backblech (40 x 30 cm):

evtl. etwas	Butter oder Margarine (zimmerwarm)
	Backpapier

FÜR DEN BISKUITTEIG:

4	Eier (Größe M)
1	Eigelb (Größe M)
1 EL	Wasser
80 g	Zucker
1 Pck.	Vanillin-Zucker
80 g	Weizenmehl
½ TL	Backpulver

FÜR DIE FÜLLUNG UND ZUM BESTÄUBEN:

100 g	Zucker
4 Blatt	weiße Gelatine
400 g	gekühlte Schlagsahne (mind. 30 % Fett)
1	Bio-Zitrone (unbehandelt, ungewachst)

PRO STÜCK:

E: 3 g, F: 10 g, Kh: 17 g, kcal: 172

1. Das Backblech evtl. fetten und mit Backpapier belegen. Das Backpapier an der schrägen Seite des Backblechs so zu einer Falte knicken, dass ein hoher Rand entsteht. Den Backofen vorheizen. Ober-/Unterhitze: etwa 200 °C

2. Für den Teig den Rühraufsatz einsetzen. Eier, Eigelb, Wasser, Zucker und Vanillin-Zucker in den Mixtopf geben und **6 Min./37 °C/Stufe 4** aufschlagen. Anschließend **6 Min./Stufe 3,5** schlagen.

3. Mehl und Backpulver auf die Eiermasse (Rühraufsatz bleibt im Mixtopf) in den Mixtopf streuen und **4 Sek./Stufe 2** unterheben. Den Teig gleichmäßig auf das Backblech geben und glatt streichen. Das Backblech in den vorgeheizten Backofen (mittlere Schiene) schieben. Die Biskuitplatte **etwa 10 Minuten backen.**

4. Inzwischen einen Bogen Backpapier dünn mit Zucker bestreuen. Die Biskuitplatte sofort nach dem Backen vom Rand lösen, auf das gezuckerte Backpapier stürzen und erkalten lassen.

5. Für die Füllung den Zucker in den Mixtopf geben, **15 Sek./Stufe 10** pulverisieren und in eine Schüssel geben. Gelatine nach Packungsanleitung in einer Schüssel einweichen.

6. Rühraufsatz einsetzen. Sahne in den Mixtopf geben, auf **Stufe 3**, ohne Zeiteinstellung halbsteif schlagen (etwa 2 Min.) Dabei zwischendurch mehrfach die Festigkeit der Sahne kontrollieren. Wird die Sahne zu lange geschlagen, gerinnt sie. Die Sahne in eine Schüssel füllen und zugedeckt kalt stellen. Mixtopf reinigen.

7. Zitrone heiß abwaschen, abtrocknen, die Schale fein reiben. Zitrone durchschneiden und auspressen. 70 g des Puderzuckers, Zitronensaft und -schale in den Mixtopf geben, Gelatine leicht ausdrücken und dazugeben, **30 Sek./40 °C/Stufe 2** auflösen, mit dem Spatel nach unten schieben. Rühraufsatz einsetzen. 2 Esslöffel der Sahne zur Gelatinemischung geben, **2 Sek./Stufe 2** unterrühren, restliche Sahne dazugeben **3 Sek./Stufe 2** unterheben.

8. Mitgebackenes Backpapier vorsichtig von der Biskuitplatte abziehen. Biskuit mit der Zitronensahne bestreichen, dabei an den langen Seiten einen etwa 2 cm breiten Rand frei lassen. 15 Minuten stehen lassen, bis die Masse etwas fester ist. Die Platte von einer langen Seite aus fest aufrollen und zugedeckt mindestens 2 Stunden in den Kühlschrank stellen. Vor dem Servieren die Rolle mit restlichem Puderzucker bestäuben.

Schoko-Sahne-Rolle mit Beeren

Zubereitungszeit: 40 Minuten, ohne Kühlzeit
Backzeit: etwa 14 Minuten

ZUTATEN FÜR 12 STÜCKE

Für das Backblech (40 x 30 cm):
evtl. etwas Butter oder Margarine (zimmerwarm)
Backpapier

FÜR DEN BISKUITTEIG:

100 g	Zartbitter-Kuvertüre
120 g	Weizenmehl
40 g	Speisestärke
3 TL	Backpulver
4	Eier (Größe M)
100 g	Orangensaft
130 g	brauner Zucker
1 Pck.	Bourbon-Vanille-Zucker
50 g	Haselnussöl
150 g	Sonnenblumenöl

FÜR DIE SCHOKOSAHNE:

180 g	Zartbitter-Kuvertüre
400 g	Schlagsahne (mind. 30 % Fett)
1 EL	Zucker
½ Pck	Gelatine fix (7,5 g)
500 g	Brombeeren
	Puderzucker

PRO STÜCK:

E: 7 g, F: 40 g, Kh: 36 g, kcal: 532

1. Ein Backblech evtl. fetten und mit Backpapier belegen. Das Backpapier an der schrägen Seite des Backblechs so zu einer Falte knicken, dass ein hoher Rand entsteht. Den Backofen vorheizen.
Ober-/Unterhitze: etwa 180 °C
Heißluft: etwa 160 °C

2. Für den Teig eine Schüssel auf den Mixtopfdeckel stellen, Mehl mit Stärke und Backpulver abwiegen, vermischen und kurz zur Seite stellen.

3. Kuvertüre grob in Stücke brechen oder schneiden, in den Mixtopf geben, **10 Sek. / Stufe 8** zerkleinern und mit dem Spatel nach unten schieben. Eier, Orangensaft, braunen Zucker, Vanille-Zucker, Haselnussöl und Sonnenblumenöl hinzugeben, den Mixtopf verschließen und alles **30 Sek. / Stufe 6** schaumig mixen.

4. Die Mehlmischung hinzugeben und **20 Sek. / Stufe 3** zu einen glatten Teig mixen. Evtl. nach dem Mixen den Teig mit einem Teigschaber glatt rühren. Den Teig auf das Blech gießen und darauf gleichmäßig verstreichen.

5. Das Blech in den vorgeheizten Backofen (mittlere Schiene) schieben. Den Teig **etwa 14 Minuten backen.**

6. Das Blech herausnehmen. Einen zweiten Bogen Backpapier mit 1 Esslöffel braunen Zucker bestreuen. Die heiße Teigplatte daraufstürzen. Das gebackene Backpapier abziehen, wieder auflegen und den Biskuit erkalten lassen.

7. Für die Schokosahne Rühraufsatz (Schmetterling) in den Mixtopf einsetzen. Gut gekühlte Sahne in den Mixtopf geben und **Stufe 3** ohne Zeiteinstellung rühren, bis die Sahne cremig fest bis fest ist. Den Puderzucker etwa nach 20 Sek. Rühren über die Mixtopfdeckelöffnung einrieseln lassen. Hat die Sahne die gewünschte Festigkeit erreicht, Rühraufsatz entfernen, Sahne umfüllen und kalt stellen. Mixtopf reinigen und gut trocknen.

8. Für die Schokosahne die Kuvertüre grob hacken, in den Mixtopf geben, **5 Sek. / Stufe 7** zerkleinern, mit dem Spatel nach unten schieben und **2 Min. / 50 °C/ Stufe 2** schmelzen lassen.

9. Eine Schüssel auf den Mixtopfdeckel stellen. Von der geschlagenen Sahne 100 g abwiegen und kurz beiseitestellen. Ein Drittel der übrigen Schlagsahne in einer Schüssel mit der geschmolzenen Kuvertüre mit einem Teigspachtel glatt verrühren. Die restliche Sahne zügig unterheben. Die Schokosahne auf die Platte geben und glatt streichen.

10. Die beiseite gestellte Sahne nach Packungsangabe zuerst mit dem Gelatine Fix und dann mit dem Zucker verrühren. Auf der Schokosahne verteilen und Schlieren einziehen. Die Kuchenplatte 5 Minuten kühl stellen, bis die Füllung fest wird.

11. Die Platte mit Hilfe des Backpapiers aufrollen und in das Backpapier einwickeln. Die Schoko-Rolle mindestens 6 Stunden kühl stellen.

12. Die Schoko-Sahne-Rolle in 12 Stücke schneiden. Die Brombeeren abspülen und abtropfen lassen, zum Kuchen servieren. Rolle mit Puderzucker bestreuen.

Limettenschnitten

Zubereitungszeit: etwa 50 Minuten, ohne Kühlzeit

ZUTATEN FÜR 16 STÜCKE

Für das Backblech:

etwas	Butter oder Margarine (zimmerwarm)
	Backpapier
	Backrahmen

FÜR DEN BODEN:

200 g	Butterkekse
100 g	Butter (zimmerwarm)

FÜR DEN BELAG:

12 Blatt	weiße Gelatine
1	Bio-Limette (unbehandelt, ungewachst)
50 g	Zucker
250 g	gekühlte Schlagsahne (mind. 30 % Fett)
180 g	Limettensirup
750 g	Sahnequark (40 % Fett i. Tr.)
1 Pck.	Vanillin-Zucker

FÜR DEN GUSS:

5 Blätter	weiße Gelatine
20 g	Sirup
200 g	Wasser

PRO STÜCK:

E: 8 g, F: 17 g, Kh: 25 g, kcal: 286

1. Das Backblech fetten, mit Backpapier belegen und den Backrahmen (25 x 25 cm) daraufstellen.

2. Für den Boden die Kekse in Stücke brechen und in den Mixtopf geben. Die Kekse **5 Sek./ Stufe 8** zerkleinern und mit dem Spatel nach unten schieben. Die Butter in kleinen Stücken dazugeben und **30 Sek./45 °C/Stufe 3** verrühren. Die Bröselmasse in den Backrahmen geben und mit einem Löffel gleichmäßig zu einem flachen Boden andrücken. Den Boden mindestens 20 Minuten in den Kühlschrank stellen.

3. Für den Belag die Gelatine nach Packungsanleitung einweichen. Die Limette heiß abwaschen und abtrocknen. Die Limette dünn schälen, die Schale in den Mixtopf geben. Die Limette durchschneiden und auspressen. Den Zucker zur Limettenschale in den Mixtopf geben, **10 Sek./Stufe 10** fein mahlen und mit dem Spatel nach unten schieben.

4. Den Rühraufsatz einsetzen. Die Sahne dazugeben und ohne Zeiteinstellung, **Stufe 3,** halbsteif schlagen (etwa 1,5 Min.). Dabei zwischendurch mehrfach die Festigkeit der Sahne kontrollieren. Wird die Sahne zu lange geschlagen, gerinnt sie. Die Sahne in eine Schüssel füllen. Den Mixtopf reinigen.

5. Gelatine leicht ausdrücken und in den Mixtopf geben, Sirup dazugeben, **30 Sek./40 °C/Stufe 2** auflösen, mit dem Spatel nach unten schieben.

6. 100 g Quark zur Gelatinemischung geben, **4 Sek./Stufe 4** unterrühren, restlichen Quark dazugeben und **4 Sek./Stufe 4** unterrühren.

7. Die Sahne dazugeben, den Spatel einsetzen. Die Sahne **12 Sek./Stufe 2** unterheben. Die Creme mit Limettensaft abschmecken. Die Sahnecreme auf den Bröselboden geben und glatt streichen. Den Kuchen mindestens 2 Stunden in den Kühlschrank stellen.

8. Für den Guss die Gelatine nach Packungsanleitung einweichen. 100 g Wasser und den Sirup in den Mixtopf geben. Die Gelatine leicht ausdrücken, dazugeben und **2 Min./40 °C/Stufe 2** schmelzen. Restliches Wasser (100 g) dazugeben und **2 Sek./ Stufe 2** verrühren. Den Guss kalt stellen, bis er leicht zu gelieren beginnt. Den Guss auf der Creme verteilen und im Kühlschrank fest werden lassen.

9. Den Backrahmen vorsichtig mit einem Messer lösen und entfernen. Den Kuchen bis zum Servieren in den Kühlschrank stellen. In Schnitten schneiden.

TIPPS:

Limettensirup gibt es im Supermarkt oder im Getränkefachhandel.

Nach Belieben können Sie die Limettenschale in Zesten abziehen und die Schnitten damit garnieren.

Auf zur Tortenschlacht.

TORTEN, TARTES UND KALTE TORTEN

Zitronen-Quark-Sahne-Torte mit Mandarinen

Zubereitungszeit: etwa 35 Minuten, ohne Abkühl- und Kühlzeit
Backzeit: etwa 25 Minuten

ZUTATEN FÜR 16 STÜCKE

Für die Springform (Ø 26 cm):

etwas	Butter oder Margarine (zimmerwarm)

FÜR DEN RÜHRTEIG:

150 g	Butter oder Margarine (zimmerwarm)
150 g	Zucker
1 Pck.	Vanillin-Zucker, 1 Prise Salz
3	Eier (Größe M)
125 g	Weizenmehl
25 g	Speisestärke
1 gestr. TL	Backpulver
175 g	Mandarinen (aus der Dose)

FÜR DIE FÜLLUNG:

170 g	Zucker
10 Blatt	weiße Gelatine
400 g	gekühlte Schlagsahne (mind. 30 % Fett)
2	Bio-Zitronen (unbehandelt, ungewachst)
250 g	Speisequark (40 % Fett i. Tr.)
500 g	Magerquark

PRO STÜCK:

E: 9 g, F: 19 g, Kh: 32 g, kcal: 337

1. Den Boden der Springform fetten.
Den Backofen vorheizen.
Ober-/Unterhitze: etwa 180 °C
Heißluft: etwa 160 °C

2. Für den Teig Butter oder Margarine in kleinen Stücken, Zucker, Vanillin-Zucker und Salz in den Mixtopf geben und **10 Sek. / Stufe 5** verrühren. Rühraufsatz einsetzen und **2 Min. / Stufe 3,5** rühren. Die Masse mit dem Spatel nach unten schieben.

3. Den Messbecher entfernen. Zutaten im Mixtopf **2 Min. / Stufe 2,5** rühren, dabei nach und nach die Eier durch die Deckelöffnung dazugeben und unterrühren. Rühraufsatz entfernen, Butter-Eier-Mischung mit dem Spatel nach unten schieben. Mehl, Speisestärke und Backpulver in den Mixtopf geben und **25 Sek. / Stufe 4** unterrühren.

4. Den Teig in die Springform füllen und glatt streichen. Die Form auf dem Rost in den vorgeheizten Backofen (mittlere Schiene) schieben. Den Tortenboden **etwa 25 Minuten backen.**

5. Den Boden aus der Form lösen und auf einem Kuchenrost erkalten lassen, anschließend einmal waagerecht durchschneiden. Den unteren Boden auf eine Tortenplatte legen. Mandarinen auf Küchenpapier gut abtropfen lassen.

6. Für die Füllung den Zucker in den Mixtopf geben, **15 Sek. / Stufe 10** pulverisieren und mit dem Spatel nach unten schieben. 2 Esslöffel des Puderzuckers in eine Schüssel geben und beiseitestellen.

7. Gelatine nach Packungsanleitung in einer Schüssel einweichen. Rühraufsatz einsetzen. Sahne zum Puderzucker in den Mixtopf geben, auf **Stufe 3**, ohne Zeiteinstellung, halbsteif schlagen (etwa 2 Min.). Dabei zwischendurch mehrfach die Festigkeit der Sahne kontrollieren. Wird die Sahne zu lange geschlagen, gerinnt sie. Rühraufsatz entfernen. Sahne in eine Schüssel füllen und zugedeckt kalt stellen. Mixtopf reinigen.

8. Eine Zitrone heiß abwaschen, abtrocknen und die Schale fein reiben. Beide Zitronen durchschneiden und auspressen. Zitronensaft und -schale in den Mixtopf geben. Gelatine leicht ausdrücken und dazugeben, **1,5 Min. / 40 °C / Stufe 2** auflösen und mit dem Spatel nach unten schieben.

Zunächst die Hälfte des Sahnequarks zur Gelatine geben und **10 Sek. / Stufe 4** verrühren, dann den übrigen Sahne- und Magerquark dazugeben und **15 Sek. / Stufe 4** verrühren. Sahne in den Mixtopf geben, den Spatel einsetzen. Die Sahne mit Hilfe des Spatels **15 Sek / Stufe 3** unterheben.

9. Einen innen mit Backpapier belegten Springformrand oder Tortenring um den unteren Tortenboden stellen, Mandarinen auf den unteren Tortenboden geben und anschließend die Quarksahne darauf glatt streichen und etwa 30 Minuten kalt stellen.

10. Den oberen Tortenboden in 16 Stücke schneiden, auf die Füllung legen und die Torte mindestens 3 Stunden in den Kühlschrank stellen.

11. Vor dem Servieren den Springformrand oder Tortenring mit einem Messer lösen und entfernen. Die Torte mit restlichem Puderzucker bestäuben.

Tarte Tatin von Pfirsichen

Zubereitungszeit: 15 Minuten
Backzeit: etwa 35 Minuten

ZUTATEN FÜR 10 STÜCKE

Für die Tarteform (Ø 30 cm):

etwa 30 g	Butter (zimmerwarm)
etwas	Weizenmehl
	Backpapier
470 g	abgetropfte Pfirsichhälften (aus der Dose)

FÜR DEN TEIG:

290 g	Weizenmehl (Type 1050)
1 Pck.	Pudding-Pulver Vanille-Geschmack
2 gestr. TL	Backpulver
1 gestr. TL	Natron
2	Eier (Größe M)
130 g	Roh-Rohrzucker
1 Pck.	Bourbon-Vanille-Zucker
50 g	Orangensaft
250 g	Joghurt (3,5 % Fett)
120 g	Sonnenblumenöl
30 g	Holunderblütensirup

ZUM BESTREICHEN:

150 g	Aprikosenkonfitüre
½	Vanilleschote, grob zerkleinert
20 g	Roh-Rohrzucker zum Bestreuen

PRO STÜCK:

E: 6 g, F: 17 g, Kh: 55 g, kcal: 398

1. Den Backofen vorheizen.
Ober-/Unterhitze: etwa 180 °C
Heißluft: etwa 160 °C

2. Den Rand der Tarteform mit Butter bestreichen und mit Mehl bestäuben. Einen Bogen Backpapier in der Größe des Tarteformbodens ausschneiden und in die Tarteform legen. Den Zucker daraufstreuen.

3. Die Pfirsichhälften in jeweils 4 Spalten schneiden und kreisförmig auf den Tarteformboden legen.

4. Für den Teig eine Schüssel auf den Mixtopfdeckel stellen, Mehl, Pudding-Pulver, Backpulver und Natron abwiegen, vermischen und zur Seite stellen.

5. Eier, Zucker, Vanille-Zucker und Orangensaft in den Mixtopf geben und **40 Sek. / Stufe 5–6,** schaumig mixen. Joghurt, Öl und Holunderblütensirup hinzugeben, **10 Sek. / Stufe 3** glatt mixen.

6. Die Mehlmischung hinzugeben, im verschlossenen Topf **15 Sek. / Stufe 3** untermixen. Evtl. nach dem Mixen den Teig mit einem Teigschaber glatt rühren. Den Teig auf den Pfirsichen verteilen.

7. Die Tarteform auf dem Rost in den vorgeheizten Backofen (mittlere Schiene) schieben. Die Tarte in **etwa 35 Minuten goldbraun backen.**

8. Die Tarteform aus dem Backofen nehmen und sofort den Rand der Tarte mit einem Messer lösen. Einen großen, flachen Teller umgedreht auf die Form legen und die Tarte daraufstürzen. Das Backpapier vorsichtig abziehen. Die Tarte mit dem Teller auf einen Kuchenrost stellen.

9. Zum Bestreichen die Aprikosenkonfitüre mit der Vanilleschote in den Mixtopf geben und **10 Sek. / Stufe 9** zerkleinern. Alles mit dem Spatel zum Boden schieben und erneut **10 Sek. / Stufe 9** zerkleinern. Anschließend alles **2 Min. / 120 °C / Stufe 2** aufkochen.

10. Die heiße Tarte sofort damit bestreichen. Tarte Tatin warm oder kalt servieren.

Creamcheese-Heidelbeertorte

Zubereitungszeit: 35 Minuten, ohne Abkühl- und Kühlzeit
Backzeit: etwa 70 Minuten

ZUTATEN FÜR 12 STÜCKE:

Für die Springform (Ø 26 cm):
Backpapier

FÜR DEN TORTENBODEN:

200 g	Vollkorn-Butterkekse
120 g	Butter (zimmerwarm)

FÜR DIE CREME:

250 g	Magerquark
450 g	Crème fraîche
4	Eier (Größe M)
180 g	Zucker
1 Pck.	Bourbon-Vanille-Zucker
70 g	Milch

FÜR DEN GUSS:

250 g	Heidelbeeren
125 g	abgetropfte Heidelbeeren (aus dem Glas)
150 g	Heidelbeersaft (aus dem Glas)
1 Pck.	Tortenguss, klar
1 EL	Zucker

PRO STÜCK:

E: 9 g, F: 26 g, Kh: 32 g, kcal: 396

1. Die Springform mit Backpapier auslegen.

2. Für den Tortenboden die Kekse in Stücke brechen und in den Mixtopf geben, **5 Sek. / Stufe 8** zerkleinern und mit dem Spatel nach unten schieben. Die Butter in kleinen Stücken dazugeben und **20 Sek. / 45 °C / Stufe 3** verrühren.

2. Die Bröselmasse auf das Backpapier geben und mit einem Esslöffel in dem Springformrand gleichmäßig zu einem flachen Boden andrücken.

3. Den Backofen vorheizen.
Ober-/Unterhitze: etwa 160 °C
Heißluft: etwa 140 °C

4. Für die Creme Quark, Crème fraîche, Eier, Zucker, Vanille-Zucker und Milch in den Mixtopf geben und **20 Sek. / Stufe 4** verrühren. Die Masse auf dem Bröselboden verteilen. Die Form auf dem Rost in den vorgeheizten Backofen (mittlere Schiene) schieben. Den Kuchen **etwa 70 Minuten backen.**

5. Die Form auf einen Kuchenrost stellen und etwa 1 Stunde in der Form abkühlen lassen, dann kalt stellen.

6. Frische Heidelbeeren abspülen und abtropfen lassen. Frische Heidelbeeren und die aus dem Glas auf dem Kuchen verteilen.

7. Für den Guss den Heidelbeersaft in den Mixtopf geben, mit Wasser auf 200 g auffüllen, Tortengusspulver und Zucker dazugeben und **3 Sek. / Stufe 5** verrühren. Anschließend **7 Min. / 100 °C / Stufe 1** kochen. Den Guss 2 Minuten abkühlen lassen, mit dem Spatel umrühren und mit einem Löffel auf den Beeren verteilen. Den Guss fest werden lassen.

TIPP:

Der Kuchen lässt sich auch mit Sauerkirschen oder anderen eingemachten Früchten zubereiten.

Schichttorte

Zubereitungszeit: 20 Minuten, ohne Abkühlzeit
Grill-„Back"-Zeit: etwa 25 Minuten

ZUTATEN FÜR 10 STÜCKE

Für die Springform (Ø 22 cm):
Backpapier

FÜR DEN TEIG:

240 g	Weizenmehl
1 Pck.	Pudding-Pulver Vanille-Geschmack
2 gestr. TL	Backpulver
½ gestr. TL	Natron
150 g	Roh-Rohrzucker
100 g	Marzipan-Rohmasse
50 g	Orangensaft
100 g	Orangeat
4	Eier (Größe M)
1 Pck.	Bourbon-Vanille-Zucker
50 g	Schlagsahne
180 g	Sonnenblumenöl
25 g	Vanillesirup

ZUM BESTREICHEN:

120 g	Aprikosenkonfitüre
125 g	Kuchenglasur „Dunkel"
etwa 50 g	Kuchenglasur „Hell"
einige	silberne Zuckerperlen

PRO STÜCK:

E: 7 g, F: 33 g, Kh: 68 g, kcal: 598

1. Den Backofengrill (etwa 240 °C) vorheizen.

2. Für den Teig eine Schüssel auf den Mixtopfdeckel stellen, Mehl, Pudding-Pulver, Backpulver und Natron abwiegen, vermischen und zur Seite stellen. Roh-Rohrzucker in den Mixtopf geben, **10 Sek./Stufe 10** pulverisieren, mit dem Spatel nach unten schieben.

3. Marzipan in Stücke zupfen, mit Orangensaft, Orangeat, Eiern, Vanille-Zucker und Puderzucker in den Mixtopf geben. Sahne, Öl und Sirup hinzugießen. Mixtopf verschließen. Alles im verschlossenen Mixtopf **60 Sek./Stufe 6** glatt mixen.

4. Die Mehlmischung zugeben, im verschlossenen Mixtopf kurz **12 Sek./Stufe 4** untermixen. Evtl. den Teig mit einem Teigschaber glatt rühren. 2–3 Esslöffel Teig in die Springform (mit Backpapier belegt) geben und wellenartig verstreichen.

5. Die Springform auf dem Rost (mittlere Schiene) unter den vorgeheizten Backofengrill schieben. Die Teigschicht in **2–3 Minuten hellbraun grillen.** Die Springform aus dem Backofen nehmen und zügig als zweite Schicht wieder 2–3 Esslöffel Teig auf die gebackene heiße Schicht streichen. Die Springform wieder in den Backofen schieben, die zweite Schicht **ebenfalls 2–3 Minuten grillen.** Auf diese Weise den ganzen Teig verarbeiten. Nach mehreren Grillschichten den Kuchen evtl. auf einer tieferen Schiene weitergrillen.

6. Nach dem Grillen (Backen) die Springform auf einen Kuchenrost stellen. Den Kuchen etwa 10 Minuten abkühlen lassen. Dann den Springformrand lösen und entfernen. Den Schichtkuchen auf einen mit Backpapier belegten Kuchenrost stürzen und das mitgebackene Backpapier abziehen.

7. Zum Bestreichen die Aprikosenkonfitüre in den Mixtopf geben, **8 Sek./Stufe 8** zerkleinern, mit dem Spatel nach unten schieben und **2 Min./Varoma/Stufe 2** aufkochen. Den Kuchen rundherum damit einstreichen und erkalten lassen.

8. Dunkle Kuchenglasur grob zerkleinern, in den Mixtopf geben und **3 Min./50 °C/Stufe 2** schmelzen. Den Kuchen mit der dunklen Glasur überziehen. Helle Kuchenglasur grob zerkleinern, in den Mixtopf geben, **3 Min./50 °C/Stufe 2** schmelzen und auf die dunkle Glasur träufeln. Evtl. mit einer Gabel ein Marmormuster in die Glasur ziehen und die Silberperlen daraufstreuen.

Pflaumentarte

Zubereitungszeit: 15 Minuten, ohne Abkühlzeit
Backzeit: etwa 40 Minuten

ZUTATEN FÜR 12 STÜCKE

Für die Springform (Ø 26 cm):

	Backpapier
10 g	Butter (zimmerwarm)
600 g	Pflaumen
30 g	Roh-Rohrzucker zum Bestreuen
1 TL	gem. Zimt zum Bestreuen

FÜR DEN TEIG:

190 g	Weizenmehl (Type 1050)
1 Pck.	Pudding-Pulver Vanille-Geschmack
2 gestr. TL	Backpulver
1 Msp.	Natron
3	Eier (Größe M – zimmerwarm)
1	Vanilleschote, grob zerkleinert
130 g	Roh-Rohrzucker
80 g	Orangensaft
150 g	Sonnenblumenöl

ZUM BESTREICHEN:

100 g	Sauerkirsch- oder rotes Johannisbeergelee
10 g	Zucker

PRO STÜCK:

E: 4 g, F: 15 g, Kh: 38 g, kcal: 302

1. Die Springform mit Backpapier belegen. Das Backpapier mit der Butter bestreichen. Zucker mit Zimt mischen und daraufstreuen.

2. Den Backofen vorheizen.
Ober-/Unterhitze: etwa 180 °C
Heißluft: etwa 160 °C

3. Die Pflaumen abspülen, gut abtropfen lassen, halbieren und entsteinen. Die Pflaumenhälften längs halbieren und kreisförmig auf dem Springformboden verteilen.

4. Für den Teig eine Schüssel auf den Mixtopfdeckel stellen, Mehl mit Pudding-Pulver, Backpulver und Natron abwiegen, vermischen und kurz zur Seite stellen.

5. Eier, Vanilleschote, Zucker, Orangensaft und Sonnenblumenöl in den Mixtopf geben und **45 Sek. / Stufe 6** mixen, bis die Vanilleschote fein zerkleinert ist.

6. Die Mehlmischung hinzugeben und **15 Sek. / Stufe 3** untermixen. Evtl. den Teig mit einem Teigschaber glatt rühren.

7. Den Teig esslöffelweise auf den Pflaumen verteilen. Die Springform auf dem Rost in den vorgeheizten Backofen (mittlere Schiene) schieben. Den Kuchen in etwa **40 Minuten goldbraun backen.**

8. Etwa 3 Minuten nach dem Backen den Kuchen mit einem Messer vom Springformrand lösen. Einen großen, flachen Teller oder eine Tortenplatte umgedreht darauflegen und den Kuchen daraufstürzen. Springform entfernen. Das Backpapier vorsichtig abziehen.

9. Zum Bestreichen Gelee mit Zucker in den Mixtopf geben, **2 Min. / 120 °C / Stufe 1** aufkochen, dann auf dem Kuchen verstreichen.

10. Den Kuchen warm oder kalt servieren.

TIPP:

Nach Belieben Vanillejoghurt zum Kuchen reichen.

Sachertorte

Zubereitungszeit: etwa 35 Minuten, ohne Abkühl- und Kühlzeit
Backzeit: etwa 40 Minuten

ZUTATEN FÜR 12 STÜCKE

Für die Springform (Ø 26 cm):

etwas	Margarine oder Butter (zimmerwarm)
	Backpapier

FÜR DEN TEIG:

150 g	Zartbitter-Schokolade
160 g	Margarine oder Butter (zimmerwarm)
6	Eier (Größe M)
160 g	Zucker
1 Pck.	Vanille-Zucker, 1 Prise Salz
100 g	Semmelbrösel (vom Bäcker)
1 gestr. TL	Backpulver

FÜR DIE FÜLLUNG:

125 g	Aprikosenkonfitüre

FÜR DEN GUSS:

200 g	Zartbitter-Schokolade
60 g	Zucker, 100 g Wasser

ZUM GARNIEREN:

50 g	Zartbitter-Schokolade

PRO STÜCK:

E: 7 g, F: 25 g, Kh: 47 g, kcal: 443

1. Den Boden der Springform fetten und mit Backpapier belegen.

2. Für den Teig die Schokolade in Stücke brechen, in den Mixtopf geben und **5 Sek. / Stufe 8** zerkleinern. Die Schokolade mit dem Spatel nach unten schieben. Butter oder Margarine in kleinen Stücken dazugeben und **6 Min. / 50 °C / Stufe 1,5** schmelzen. Die Schokoladen-Butter in eine kleine Schüssel füllen und beiseite stellen. Den Mixtopf reinigen.

3. Den Backofen vorheizen.
Ober-/Unterhitze: etwa 180 °C
Heißluft: etwa 160 °C

4. Eier, Zucker, Vanille-Zucker und Salz in den Mixtopf geben und **10 Sek. / Stufe 5** verrühren. Rühraufsatz einsetzen und **6 Min. / 37 °C / Stufe 3** rühren. Weitere **2 Min. / Stufe 3** rühren. Die Masse mit dem Spatel nach unten schieben.

5. Messbecher entfernen. Zutaten im Mixtopf **1 Min./ Stufe 2** rühren, dabei nach und nach die Schokoladen-Butter durch die Deckelöffnung dazugeben und unterrühren. Die Masse mit dem Spatel nach unten schieben. Semmelbrösel und Backpulver dazugeben und **12 Sek. / Stufe 2** unterrühren.

6. Den Teig in die Form füllen und glatt streichen. Die Form auf dem Rost in den vorgeheizten Backofen (unteres Drittel) schieben. Den Tortenboden **etwa 40 Minuten backen.**

7. Tortenboden aus der Form lösen, auf einen mit Backpapier belegten Kuchenrost stürzen und erkalten lassen. Anschließend das Backpapier vorsichtig abziehen und den erkalteten Boden einmal waagerecht durchschneiden. Den unteren Boden auf eine Tortengarnierscheibe legen und mit der Konfitüre bestreichen. Den oberen Boden darauflegen.

8. Für den Guss die Schokolade in Stücke brechen, in den Mixtopf geben und **6 Sek. / Stufe 8** zerkleinern. Schokolade mit dem Spatel nach unten schieben und in eine Schüssel füllen. Mixtopf reinigen. Zucker und Wasser in den Mixtopf geben und **3 Min. / 100 °C / Stufe 2** kochen, bis sich der Zucker aufgelöst hat. Den Messbecher entfernen. Die Flüssigkeit **2 Min. / Stufe 2** weiterrühren, dabei nach und nach die Schokolade durch die Deckelöffnung dazugeben und schmelzen lassen.

9. Den Guss mittig auf die Torte gießen und durch „Bewegen" (leicht schräg halten) der Torte auf der Oberfläche und am Rand gleichmäßig verlaufen lassen, evtl. den Guss am Rand mit einem Messer verstreichen. Um eine gleichmäßige Oberfläche zu erhalten, die Torte auf der Tortengarnierscheibe 1–2-mal etwas anheben und auf die Arbeitsfläche fallen lassen. Die Torte mit einem langen Messer von der Tortengarnierscheibe lösen und auf eine Tortenplatte gleiten lassen. Guss fest werden lassen.

10. Zum Garnieren die Torte in 12 Stücke einteilen. Schokolade in Stücke brechen, in den Mixtopf geben und **3 Sek./Stufe 8** zerkleinern. Mit dem Spatel nach unten schieben und **1 Min./40 °C/Stufe 1,5** schmelzen. Schokolade in einen kleinen Gefrierbeutel füllen, eine kleine Ecke abschneiden und auf jedes Tortenstück „Sacher" schreiben. Torte bis zum Servieren kalt stellen.

Rhabarber-Erdbeer-Tarte

Zubereitungszeit: 20 Minuten
Backzeit: etwa 40 Minuten

ZUTATEN FÜR 12 STÜCKE

Für die Tarteform (Ø 30 cm):
Backpapier

500 g Rhabarber
250 g Erdbeeren
100 g rotes Johannisbeergelee

FÜR DEN TEIG:

230 g Weizenmehl
1 Pck. Sahne-Pudding-Pulver
2 gestr. TL Backpulver
½ gestr. TL Natron
3 Eier (Größe M)
130 g Puderzucker
100 g Maracujanektar
150 g Kefir
1 Prise Salz
3 EL abgespülte, trocken getupfte Estragonblättchen (etwa 10 g)
150 g Rapsöl

ZUM BESTREICHEN:

200 g rotes Johannisbeergelee
20 g Zucker

PRO STÜCK:

E: 4 g, F: 15 g, Kh: 42 g, kcal: 322

1. Rhabarber putzen, abspülen, abtropfen lassen und in etwa 1 cm lange Stücke schneiden. Erdbeeren abspülen, gut abtropfen lassen, entstielen und halbieren. Johannisbeergelee glatt rühren.

2. Die Früchte mit dem Gelee vermischen und auf dem Boden der Tarteform (so mit Backpapier ausgelegt, dass dieses über den Tarteformrand hinausragt) verteilen.

3. Den Backofen vorheizen.
Ober-/Unterhitze: etwa 180 °C
Heißluft: etwa 160 °C

4. Für den Teig eine Schüssel auf den Mixtopfdeckel stellen, Mehl mit Pudding-Pulver, Backpulver und Natron abwiegen, vermischen und kurz zur Seite stellen.

5. Eier, Puderzucker, Nektar, Kefir, Salz, Estragonblättchen und Rapsöl in den Mixtopf geben. Mixtopf verschließen und alles **30 Sek. / Stufe 6** mixen. Die Mehlmischung hinzugeben, im verschlossenen Mixtopf kurz **15 Sek. / Stufe 3** untermixen.

6. Evtl. den Teig mit einem Teigschaber glatt rühren, in die Tarteform gießen und glatt streichen. Die Tarteform auf dem Rost in den vorgeheizten Backofen (mittlere Schiene) schieben. Die Tarte in **etwa 40 Minuten goldbraun backen.**

7. Die Tarteform aus dem Backofen nehmen und sofort den Rand der Tarte mit einem Messer lösen. Einen großen, flachen Teller umgedreht auf die Tarteform legen und die heiße Tarte daraufstürzen. Die Form vorsichtig lösen und das Backpapier abziehen.

8. Zum Bestreichen Johannisbeergelee mit Zucker in den Mixtopf geben und **2 Min. / Varoma / Stufe 2** köcheln lassen, bis sich der Zucker aufgelöst hat. Die heiße Tarte damit bestreichen. Die Tarte warm oder kalt (dann die Tarte auf dem Teller auf einem Kuchenrost erkalten lassen) servieren.

TIPP:

Die Tarte mit geschlagener Sahne servieren.

Schnelle Kirschtorte nach Schwarzwälder Art

Zubereitungszeit: etwa 40 Minuten, ohne Abkühl- und Kühlzeit
Backzeit: etwa 30 Minuten
Mit Alkohol

ZUTATEN FÜR 12 STÜCKE

Für die Springform (Ø 26 cm):
Backpapier

FÜR DEN TEIG:

4	Eier (Größe M), 2 EL Wasser
120 g	Zucker
1 Pck.	Vanillin-Zucker, 1 Prise Salz
100 g	Weizenmehl
20 g	Kakaopulver
20 g	Speisestärke
2 gestr. TL	Backpulver

ZUM BETRÄUFELN:

2 EL	Kirschwasser

FÜR DIE FÜLLUNG:

350 g	abgetropfte Sauerkirschen (aus dem Glas)
220 g	Sauerkirschsaft (von den abgetropften Sauerkirschen)
1 Pck.	Tortenguss, klar
40 g	Zucker
500 g	Schlagsahne (mind. 30 % Fett)
2 Pck.	Sahnesteif

ZUM BESTREUEN:

etwa 40 g	Edelbitter-Schokolade (etwa 60 % Kakaobestandteil)

PRO STÜCK:

E: 6 g, F: 17 g, Kh: 33 g, kcal: 310

1. Einen Bogen Backpapier auf den Boden der Springform legen und mit dem Springformrand straff einspannen. Den Backofen vorheizen.
Ober-/Unterhitze: etwa 180 °C
Heißluft: etwa 160 °C

2. Für den Teig den Rühraufsatz einsetzen. Eier, Wasser, Zucker, Vanillin-Zucker und Salz in den Mixtopf geben und **6 Min. / 37 °C / Stufe 3,5** schlagen. Anschließend **6 Min. / Stufe 3,5** schlagen.

3. Mehl, Kakao, Stärke und Backpulver auf die Eiermasse (Rühraufsatz bleibt im Mixtopf) in den Mixtopf streuen und **7 Sek. / Stufe 2** unterheben. Den Teig in die Form geben und glatt streichen. Die Springform in den vorgeheizten Backofen (mittlere Schiene) schieben. Den Tortenboden **etwa 30 Minuten backen.**

4. Die Form auf einen Kuchenrost stellen. Den Boden nach 10 Minuten mit einem Messer aus der Form lösen, auf einen mit Backpapier belegten Kuchenrost stürzen und mindestens 2 Stunden erkalten lassen. Mitgebackenes Backpapier abziehen.

5. Den Springformrand säubern. Den Gebäckboden mit einem Sägemesser einmal waagerecht durchschneiden. Unteren Gebäckboden auf eine Tortenplatte legen und mit Kirschwasser beträufeln. Tortenring darumstellen und verschließen.

6. Für die Füllung die Kirschen auf dem Tortenboden verteilen. Sauerkirschsaft, Tortengusspulver und 10 g Zucker in den Mixtopf geben. **3 Sek. / Stufe 5** verrühren. Anschließend **7 Minuten / 100 °C / Stufe 1** kochen. Den Tortenguss etwas abkühlen lassen, dann mit einem Löffel auf den Kirschen verteilen. Abkühlen lassen. Den Mixtopf reinigen.

7. Den restlichen Zucker (30 g) in den Mixtopf geben und **10 Sek. / Stufe 10** pulverisieren. Mit dem Spatel nach unten schieben. Sahne und Sahnesteif in den Mixtopf geben, den Rühraufsatz einsetzen. Die Sahne ohne Zeiteinstellung **Stufe 3** steif schlagen (etwa 2 Min). Dabei zwischendurch mehrfach die Festigkeit der Sahne kontrollieren. Wird die Sahne zu lange geschlagen, gerinnt sie.

8. Zwei Drittel der Sahne auf die Kirschen geben und glatt streichen. Den oberen Gebäckboden darauflegen und leicht andrücken. Die restliche Sahne wellenartig mit einem Löffel darauf verstreichen.

9. Die Torte mindestens 2 Stunden in den Kühlschrank stellen. Zum Bestreuen etwas von der Schokolade mit einem Sparschäler raspeln. Den Springformrand mit einem kalt abgespülten Messer lösen und entfernen. Die Torte mit Schokoladenraspeln garnieren. Eventuell einige Kirschen beiseite legen und die Torte damit garnieren.

Erdbeer-cremetorte

Vorbereitungszeit: mind. 3 Tage im Voraus den Lavendelzucker zubereiten
Zubereitungszeit: 40 Minuten, ohne Durchzieh-, Abkühl- und Kühlzeit
Backzeit: etwa 30 Minuten

ZUTATEN FÜR 12 STÜCKE

Für die Springform (Ø 28 cm):

	Backpapier

FÜR DEN LAVENDELZUCKER:

1 EL	frische oder getrocknete Lavendelblüten (unbehandelt)
100 g	Zucker
1 Msp.	violette Lebensmittel-Farbpaste

FÜR DEN TEIG:

150 g	Weizenmehl
1 Pck.	Pudding-Pulver Sahne-Geschmack
2 gestr. TL	Backpulver
½ gestr. TL	Natron
60 g	gem. Haselnüsse
1	Limette (unbehandelt, ungewachst)
100 g	Zucker
2	Eier (Größe M)
100 g	Orangensaft
100 g	Joghurt (3,5 % Fett)
1 Pck.	Vanillin-Zucker
150 g	Sonnenblumenöl

FÜR DEN BELAG:

250 g	Joghurt (3,5 % Fett)
½	Vanilleschote
250 g	Mascarpone
2 Beutel	aus 1 Pck. Gelatine fix (30 g)
70 g	Zucker
500 g	kleine Erdbeeren

PRO STÜCK:

E: 3 g, F: 15 g, Kh: 27 g, kcal: 258

1. Für den Lavendelzucker Lavendel, Zucker und Farbpaste in den Mixtopf geben, **15 Sek. / Stufe 8** vermischen, in ein Schraubglas geben und im verschlossenen Glas 3–10 Tage ziehen lassen.

2. Den Backofen vorheizen.
Ober-/Unterhitze: etwa 180 °C
Heißluft: etwa 160 °C

3. Für den Teig eine Schüssel auf den Mixtopfdeckel stellen, Mehl mit Puddingpulver, Backpulver, Natron und Haselnüssen abwiegen, vermischen und zur Seite stellen. Limette heiß abwaschen und abtrocknen. Die Hälfte der Limettenschale dünn abschälen (nur das Grüne) und zusammen mit dem Zucker in den Mixtopf geben und **8 Sek. / Stufe 10** pulverisieren. Limette beiseitelegen. Eier, Orangensaft, Joghurt, Vanillin-Zucker und Sonnenblumenöl hinzugeben. Den Mixtopf verschließen und alle Zutaten **30 Sek. / Stufe 6** mixen. Die Mehlmischung hinzugeben, im verschlossenem Mixtopf kurz **15 Sek. / Stufe 3** untermixen. Den Teig evtl. glatt rühren, in die Springform (mit Backpapier belegt) gießen und glatt streichen. Die Springform auf dem Rost in den vorgeheizten Backofen (mittlere Schiene) schieben. Den Tortenboden **etwa 30 Minuten backen.**

4. Den Tortenboden in der Form auf einem Kuchenrost erkalten lassen, dann aus der Springform lösen. Backpapier abziehen. Boden auf eine Tortenplatte legen. Beiseitegelegte Limette halbieren, auspressen und den Tortenboden damit beträufeln.

5. Für den Belag Joghurt und Vanilleschote in den gesäuberten Mixtopf geben. Die Zutaten im verschlossenen Mixtopf **30 Sek. / Stufe 6** mixen, bis die Vanilleschote fein zerkleinert ist. Anschließend den Joghurt mit dem Schaber nach unten schieben. Danach den Rühraufsatz (Schmetterling) einsetzen.

6. Mascarpone und Gelatine fix zugeben, im verschlossenen Mixtopf **30 Sek. / Stufe 4** untermixen. Zucker in den Mixtopf geben und **30 Sek. / Stufe 3** untermixen. Die Creme etwa 2 Minuten stehen lassen, dann auf dem Tortenboden verstreichen.

7. Die Erdbeeren abspülen, gut abtropfen lassen, entstielen und auf der Creme verteilen. Die Torte mindestens 20 Minuten in den Kühlschrank stellen. Zum Servieren die Torte mit 1–2 Esslöffeln Lavendelzucker bestreuen.

TIPP:

Bestreuen Sie die Torte statt mit Lavendelzucker einfach mit Bourbon-Vanille-Zucker.

Linzer Torte

Zubereitungszeit: etwa 30 Minuten, ohne Kühlzeit
Backzeit: etwa 30 Minuten
Vegan

ZUTATEN FÜR 12 STÜCKE

Für die Springform (Ø 26 cm):
etwas vegane Margarine

FÜR DEN KNETTEIG:

100 g	Zucker
100 g	Mandeln, ungeschält
120 g	vegane Margarine
1 Pck.	Bourbon-Vanille-Zucker
200 g	Weizenmehl
½ gestr. TL	Backpulver
1 Msp.	gem. Gewürznelken
1 gestr. TL	gem. Zimt

FÜR DEN BELAG:

100 g	Himbeerkonfitüre

PRO STÜCK:

E: 4 g, F: 13 g, Kh: 27 g, kcal: 238

1. Für den Teig Zucker und Mandeln in den Mixtopf geben und **12 Sek. / Stufe 10** mahlen. Das Gemisch mit dem Spatel nach unten schieben. Die Margarine in kleinen Stücken und die restlichen Zutaten in den Mixtopf geben und **40 Sek. / Knetstufe** zu einem Teig kneten.

2. Den Teig mit den Händen zu einer Kugel formen, in Frischhaltefolie gewickelt etwa 1 Stunde in den Kühlschrank legen.

3. Den Boden der Springform fetten.
Den Backofen vorheizen.
Ober-/Unterhitze: etwa 180 °C
Heißluft: etwa 160 °C

4. Knapp die Hälfte des Teiges auf der bemehlten Arbeitsfläche zu einer Platte, in der Größe der Springform, ausrollen. Mit einem Teigrädchen 16–20 Streifen daraus schneiden. Den übrigen Teig auf dem Boden der Springform ausrollen. Den Springformrand darumlegen und verschließen.

5. Für den Belag den Teigboden mit Konfitüre bestreichen, dabei am Rand etwa 1 cm Teig frei lassen. Die Teigstreifen gitterförmig auf den bestrichenen Teigboden legen.

6. Die Form auf dem Rost in den vorgeheizten Backofen (unteres Drittel) schieben. Die Torte **etwa 30 Minuten backen.**

7. Die Torte mit einem Messer aus der Springform lösen, den Rand der Springform entfernen. Die Torte auf dem Springformboden auf einem Kuchengitter erkalten lassen. Anschließend vorsichtig vom Springformboden lösen und auf eine Tortenplatte legen.

TIPP:

T Für eine nicht vegane Torte verwenden Sie einfach Butter oder Margarine. Verquirlen Sie 1 Eigelb mit 1 Esslöffel Milch und bestreichen Sie das Teiggitter kurz vor dem Backen damit.

Maulwurftorte

Zubereitungszeit: etwa 15 Minuten, ohne Abkühl- und Kühlzeit
Backzeit: etwa 30 Minuten

ZUTATEN FÜR 16 STÜCKE

Für die Springform (Ø 26 cm):

etwas	Butter oder Margarine (zimmerwarm)

FÜR DEN TEIG:

125 g	Margarine oder Butter (zimmerwarm)
125 g	Zucker
1 Pck.	Vanillin-Zucker
4	Eier (Größe M)
50 g	Weizenmehl
10 g	Kakaopulver
2 TL	Backpulver
75 g	gem. Haselnusskerne
100 g	Zartbitter-Raspelschokolade

FÜR DIE FÜLLUNG:

350 g	abgetropfte Sauerkirschen (aus dem Glas)
2	mittelgroße Bananen (etwa 250 g)
2 EL	Zitronensaft
600 g	gekühlte Schlagsahne (mind. 32 % Fett)
3 Pck.	Sahnesteif
25 g	Zucker
1 Pck.	Vanillin-Zucker

PRO STÜCK:

E: 3 g, F: 15 g, Kh: 27 g, kcal: 258

1. Den Boden der Springform fetten. Den Backofen vorheizen.
   Ober-/Unterhitze: etwa 180 °C
   Heißluft: etwa 160 °C

2. Für den Teig Butter oder Margarine in kleinen Stücken, Zucker, Vanillin-Zucker und Salz in den Mixtopf geben und **10 Sek. / Stufe 5** verrühren.

3. Rühraufsatz einsetzen und **2 Min. / Stufe 3,5** rühren. Die Masse mit dem Spatel nach unten schieben.

4. Den Messbecher entfernen. Zutaten im Mixtopf **2 Min. / Stufe 2,5** rühren, dabei nach und nach die Eier durch die Deckelöffnung dazugeben und unterrühren. Rühraufsatz entfernen, Butter-Eier-Mischung mit dem Spatel nach unten schieben.

5. Mehl, Kakao, Backpulver, Haselnusskerne und Raspelschokolade in den Mixtopf geben und **20 Sek. / Stufe 4** unterrühren. Den Teig in die Springform füllen und glatt streichen. Die Form auf dem Rost in den vorgeheizten Backofen (unteres Drittel) schieben. Den Tortenboden **etwa 30 Minuten backen.**

6. Die Springform auf einen Kuchenrost stellen und den Boden 10 Minuten in der Form stehen lassen, dann aus der Form lösen und auf einem Kuchenrost erkalten lassen.

7. Auf dem erkalteten Tortenboden mit einem Messer rundherum einen etwa 1,5 cm breiten Rand markieren, anschließend den Boden mit einem Löffel etwa 1 cm tief aushöhlen. Die Gebäckkrümel in den Mixtopf geben, **5 Sek. / Stufe 6** zerkrümeln.

8. Für die Füllung die Kirschen auf Küchenpapier legen. Die Bananen schälen, der Länge nach halbieren, mit Zitronensaft beträufeln und auf den ausgehöhlten Boden legen. Die Kirschen dazwischen verteilen.

9. Sahne mit Sahnesteif, Zucker und Vanillin-Zucker in den Mixtopf geben, den Rühraufsatz einsetzen. Die Sahne ohne Zeiteinstellung, **Stufe 3**, steif schlagen (etwa 2 Min.). Dabei zwischendurch mehrfach die Festigkeit der Sahne kontrollieren. Wird die Sahne zu lange geschlagen, gerinnt sie.

10. Die Sahne kuppelartig auf das Obst streichen und mit den Bröseln bestreuen (die Brösel evtl. leicht andrücken). Die Torte etwa 1 Stunde in den Kühlschrank stellen.

Schoko-Kuss-Torte

Zubereitungszeit: etwa 25 Minuten, ohne Auftau- und Kühlzeit

ZUTATEN FÜR 8 STÜCKE

Für die Springform (Ø 20 cm):

etwas	Butter oder Margarine
	Backpapier
200 g	TK-Erdbeeren
200 g	Mini-Schoko-Küsse (24 Stück)
80 g	Schoko-Cookies
50 g	Butter
5 Blatt	weiße Gelatine
50 g	Zucker
250 g	Speisequark (40 % Fett)
150 g	Joghurt (10 % Fett)

ZUM GARNIEREN:

4	Erdbeeren
einige	Minze- oder Melissenblätter

PRO STÜCK:

E: 6 g, F: 13 g, Kh: 35 g, kcal: 286

1. Den Boden der Springform evtl. einfetten und mit Backpapier belegen. Die Erdbeeren auf einem Teller auftauen lassen.

2. Für den Boden die Waffeln der Schokoküsse von der Schaummasse trennen und in den Mixtopf geben. Die Schaummasse beiseitestellen. Schokokekse in Stücke brechen, zu den Waffeln geben und **10 Sek. / Stufe 7** zerkleinern. Die Butter in kleinen Stücken dazugeben und **30 Sek. / 37 °C / Stufe 3** verrühren. Die Masse in die Form füllen, mit einem Löffel andrücken und im Kühlschrank fest werden lassen.

3. Für die Füllung die Gelatine nach Packungsanweisung einweichen. Die aufgetauten Erdbeeren in den Mixtopf geben und **1 Min. / Stufe 7** pürieren. Das Püree, bis auf etwa 2 Esslöffel, in eine Schüssel geben.

4. Gelatine leicht ausdrücken, zum Püree in den Mixtopf geben und **2 Min. / 40 °C / Stufe 3** auflösen, mit dem Spatel nach unten schieben. Restliches Püree, Zucker, Quark und Joghurt dazugeben. **30 Sek. / Stufe 5** verrühren. Die Schaummasse dazugeben und mit Hilfe des Spatels **10 Sek. / Stufe 4** unterheben. Die Creme in die Form auf den Tortenboden geben und glatt streichen.

5. Zum Garnieren Erdbeeren waschen, trocken tupfen, entstielen und halbieren. Die Hälften auf die Creme legen. Die Torte mindestens 2 Stunden zugedeckt kalt stellen. Vor dem Servieren einige Minze- oder Melisseblätter auf die Torte legen.

Spekulatius-Torte

Zubereitungszeit: etwa 45 Minuten, ohne Kühlzeit
Mit Alkohol

ZUTATEN FÜR 16 STÜCKE

Für den Springformrand (Ø 26 cm):
Backpapier
Tortenplatte

FÜR DEN BODEN:

200 g	Gewürzspekulatius
100 g	Butter (zimmerwarm)

FÜR DIE CREME:

6 Blatt	weiße Gelatine
200 g	gekühlte Schlagsahne (mind. 30 % Fett)
250 g	Mascarpone
50 g	flüssiger Honig
70 g	Zucker
2 gestr. TL	gem. Zimt
500 g	Magerquark

FÜR DEN BELAG:

2	Orangen
2	kleine, weiche Birnen
2 EL	Orangenlikör
300 g	Orangensaft
2 Pck.	Tortenguss, klar
140 g	Wasser
4 EL	Zucker

ZUM VERZIEREN:

25 g	geschabte weiße Kuvertüre

PRO STÜCK:

E: 7 g, F: 19 g, Kh: 26 g, kcal: 312

1. Einen Bogen Backpapier auf eine Tortenplatte legen und den geschlossenen Springformrand daraufstellen.

2. Für den Boden Spekulatius in Stücke brechen, in den Mixtopf geben, **5 Sek. / Stufe 8** zerkleinern und mit dem Spatel nach unten schieben. Die Butter in kleinen Stücken dazugeben und **1 Min. / 45 °C / Stufe 3** verrühren. Die Masse auf das Backpapier geben und mit einem Esslöffel gleichmäßig im Springformrand zu einem flachen Boden andrücken. Den Boden mindestens 20 Minuten in den Kühlschrank stellen.

3. Für die Creme Gelatine nach Packungsanleitung einweichen. Den Rühreinsatz einsetzen. Sahne und esslöffelweise Mascarpone in den Mixtopf geben und ohne Zeiteinstellung, **Stufe 3,** steif schlagen (etwa 1 Min.). Dabei zwischendurch die Festigkeit der Sahne kontrollieren. Wird die Sahne zu lange geschlagen, gerinnt sie. Den Rühraufsatz entfernen, Sahne-Mascarpone-Masse in eine Schüssel füllen.

4. Gelatine leicht ausdrücken und in den Mixtopf geben, Honig, Zucker, Zimt und 100 g Quark dazugeben. Die Gelatine **4 Min. / 40 °C / Stufe 2** darin auflösen. Restlichen Quark dazugeben, **15 Sek. / Stufe 4** verrühren und mit dem Spatel nach unten schieben. Sahne-Mascarpone-Masse dazugeben und **15 Sek. / Stufe 4** unterrühren. Die Creme auf dem Spekulatius-Boden verteilen und glatt streichen. Die Torte etwa 2 Stunden in den Kühlschrank stellen.

5. Für den Belag die Orangen so schälen, dass die weiße Haut mit entfernt wird. Die Orangen filetieren. Die Birnen abspülen, schälen, vierteln, entkernen und in Spalten schneiden. Das Obst auf der Creme verteilen. Likör, Orangensaft, Tortenguss, Wasser und Zucker in den Mixtopf geben und **3 Sek. / Stufe 5** verrühren, anschließend **8 Min. / 100 °C / Stufe 1** kochen. Den Guss mit einem Löffel auf dem Obst verteilen. Die Torte kalt stellen und den Guss fest werden lassen.

6. Die Torte mit einem Tortenheber vom Backpapier lösen und das Backpapier unter der Torte wegziehen. Den Springformrand mit einem Messer vorsichtig lösen und entfernen. Die Torte mit geschabter Kuvertüre garnieren.

TIPPS:

 Für eine Torte ohne Alkohol ersetzen Sie den Likör durch Orangensaft.

T Der Spekulatius-Boden kann 1–2 Tage vor dem Verzehr zubereitet und zugedeckt im Kühlschrank aufbewahrt werden.

Pischinger Torte

Zubereitungszeit: 35 Minuten, ohne Abkühl- und Kühlzeit

ZUTATEN FÜR 12 STÜCKE

Backpapier

FÜR DEN KROKANT:

150 g	abgezogene, gehackte Mandeln
70 g	Zucker
15 g	Butter

FÜR DIE FÜLLUNG:

200 g	Zartbitter-Schokolade
100 g	Schlagsahne (mind. 30 % Fett)
50 g	Zucker
250 g	Butter (zimmerwarm)

ZUSÄTZLICH:

8	Karlsbader Oblaten (Ø etwa 20 cm)

FÜR DEN GUSS:

150 g	Zartbitter-Schokolade (etwa 50 % Kakaoanteil)
20 g	Kokosfett
evtl. etwas	Kakao zum Bestäuben

PRO STÜCK:

E: 7 g, F: 42 g, Kh: 35 g, kcal: 547

1. Ein Schneidbrett oder Backblech mit Backpapier belegen.

2. Für den Krokant die Mandeln in einer Pfanne ohne Fett goldbraun rösten und auf einen Teller geben. Zucker in der heißen Pfanne goldbraun karamellisieren. Die Pfanne von der Kochstelle nehmen, warme Mandeln und Butter mit einem Holzlöffel unter den Karamell rühren. Die Krokantmasse auf dem Backpapier verteilen und erkalten lassen.

3. Für die Füllung die Schokolade in Stücke brechen, in den Mixtopf geben, **6 Sek. / Stufe 8** zerkleinern und mit dem Spatel nach unten schieben. Die Sahne dazugeben, **5 Min. / 50 °C / Stufe 1,5** erhitzen. Schokomasse in einer Schüssel abkühlen lassen. Mixtopf reinigen.

4. Inzwischen den Krokant in Stücke brechen, in den Mixtopf geben und **4 Sek. / Stufe 7** zerkleinern. Aus dem Mixtopf nehmen.

5. Zucker in den Mixtopf geben, **10 Sek. / Stufe 10** pulverisieren und mit dem Spatel nach unten schieben. Die Butter in kleinen Stücken dazugeben, **15 Sek. / Stufe 5** verrühren und mit dem Spatel nach unten schieben.

6. Den Messbecher entfernen. Die Buttercreme **30 Sek. / Stufe 3** rühren, dabei nach und nach Schokoladensahne durch die Deckelöffnung dazugeben und unterrühren. 2 Esslöffel der Creme beiseite stellen. Den Krokant in den Mixtopf geben und **10 Sek. / Stufe 3** unterrühren.

7. Krokantcreme auf 7 Oblaten verteilen und glatt streichen. Die bestrichenen Oblaten zu einer Torte zusammensetzen. Die letzte Oblate darauflegen und leicht andrücken. Den Tortenrand mit der abgenommenen Schokoladencreme bestreichen. Die Torte zugedeckt mindestens 4 Stunden in den Kühlschrank stellen, damit die Schokoladencreme fest wird.

8. Für den Guss die Schokolade in kleine Stücke brechen, in den Mixtopf geben, **6 Sek. / Stufe 8** zerkleinern und mit dem Spatel nach unten schieben. Das Kokosfett in kleinen Stücken dazugeben und **4,5 Min. / 45 °C / Stufe 1,5** schmelzen.

9. Tortenoberfläche und -rand damit bestreichen. Torte in den Kühlschrank stellen und den Guss fest werden lassen. Die Torte gut gekühlt, evtl. mit Kakao bestäubt, servieren und mit einem Sägemesser in Stücke schneiden.

Himbeer-Smoothie-Cheesecake

Zubereitungszeit: 25 Minuten, ohne Abkühl- und Kühlzeit
Backzeit: etwa 20 Minuten

ZUTATEN FÜR 12 STÜCKE

Für die Springform (Ø 24 cm):
Backpapier

ZUM VORBEREITEN:

375 g	frische Himbeeren oder aufgetaute TK-Himbeeren

FÜR DEN BODEN:

80 g	Butter
200 g	Vollkorn-Butterkekse

FÜR DEN CHEESECAKE-BELAG:

400 g	Doppelrahm-Frischkäse
150 g	Schlagsahne (mind. 30 % Fett)
75 g	Zucker
1 Pck.	Bourbon-Vanille-Zucker
2 EL	flüssiger Honig
3	Eier (Größe M)

FÜR DEN SMOOTHIE-BELAG:

1	Bio-Orange (unbehandelt, ungewachst)
1 Beutel	aus 1 Pck. Gelatine fix (15 g)
40 g	Zucker

ZUM GARNIEREN:

125 g	frische Himbeeren

PRO STÜCK:

E: 8 g, F: 24 g, Kh: 28 g, kcal: 359

1. Zum Vorbereiten die frischen Himbeeren verlesen, evtl. abspülen und gut auf Küchenpapier abtropfen lassen.

2. Den Backofen vorheizen.
Ober-/Unterhitze: etwa 200 °C
Heißluft: etwa 180 °C

3. Für den Boden Kekse in den Mixtopf geben, **5 Sek. / Stufe 5** zerkleinern und aus dem Mixtopf nehmen. Butter in den Mixtopf geben und **2 Min. / 37 °C / Stufe 2** erwärmen. Brösel zurück in den Mixtopf geben, **30 Sek. / Stufe 3** zu einem Bröselteig vermischen und in der Springform (mit Backpapier belegt) verteilen. Die Mischung mit einem Löffel gleichmäßig zu einem Boden andrücken. Springform bis zur Weiterverwendung kalt stellen.

4. Für den Cheesecake-Belag Frischkäse mit Sahne, Zucker, Vanille-Zucker, Honig, Eiern und 125 g Himbeeren in den Mixtopf geben und **20 Sek. / Stufe 6** mixen. Die Frischkäsemasse auf den Bröselboden gießen und glatt streichen.

5. Die Springform auf dem Rost in den vorgeheizten Backofen (mittlere Schiene) schieben. Cheesecake **etwa 20 Minuten backen.**

6. Die Form auf einen Kuchenrost stellen und den Cheesecake in der Form erkalten lassen.

7. Für den Smoothie-Belag die restlichen 250 g Himbeeren in den gesäuberten Mixtopf geben. Orange heiß abwaschen, abtrocknen, die Orangenschale fein abreiben und zu den Himbeeren geben. Orange so schälen, dass die weiße Schale mit entfernt wird. Die Orange vierteln, ebenfalls in den Mixtopf geben. Die Fruchtmischung im verschlossenen Mixtopf **15 Sek. / Stufe 6** mixen. Gelatine bei laufendem Mixer **8 Sek. / Stufe 3** durch die Deckelöffnung einrieseln lassen, danach auf die gleiche Weise den Zucker einrieseln lassen. Den Smoothie-Belag auf den Kuchen gießen und glatt streichen. Den Kuchen zugedeckt etwa 4 Stunden in den Kühlschrank stellen.

8. Zum Servieren den Springformrand lösen und entfernen. Cheesecake auf eine Tortenplatte umsetzen, dabei das Backpapier entfernen.

9. Zum Garnieren die Himbeeren verlesen, abspülen, gut auf Küchenpapier abtropfen lassen und dann auf der Kuchenoberfläche verteilen.

Klein aber oho.

KLEINGEBÄCK

Mandarinen-Muffins

Zubereitungszeit: 25 Minuten, ohne Abkühlzeit
Garzeit: etwa 35 Minuten
Backzeit: etwa 25 Minuten

ZUTATEN FÜR 12 STÜCKE

Für eine Muffinform für 12 Muffins:

12	Papier-Muffinförmchen

ZUM VORBEREITEN:

2	Bio-Mandarinen (unbehandelt, ungewachst, je etwa 85 g)
500 g	heißes Wasser

FÜR DEN TEIG:

100 g	Weizenmehl
1 Pck	Pudding-Pulver Vanille-Geschmack
2 gestr. TL	Backpulver
½ gestr. TL	gem. Zimt
3	Eier (Größe M)
125 g	Voll-Rohrzucker
150 g	Sonnenblumenöl
50 g	Schlagsahne

ZUM GARNIEREN:

2	Mandarinen
120 g	Mandarinen- oder Orangenmarmelade

PRO STÜCK:

E: 3 g, F: 15 g, Kh: 27 g, kcal: 258

1. Zum Vorbereiten die Mandarinen heiß abwaschen und abtrocknen. Heißes Wasser in den Mixtopf geben, Deckel und Varoma ohne Varoma-Einlegeboden aufsetzen Mandarinen hineinlegen und **35 Min. / Varoma / Stufe 1** garen.

2. Den Backofen vorheizen.
Ober-/Unterhitze: etwa 180 °C
Heißluft: etwa 160 °C

3. Für den Teig eine Schüssel auf den Mixtopfdeckel stellen, Mehl mit Pudding-Pulver, Backpulver und Zimt einwiegen, vermischen und zur Seite stellen.

4. Die Mandarinen aus dem Sud nehmen, abtropfen lassen und in den Mixtopf geben. Die Mandarinen im verschlossenen Mixtopf **20 Sek. / Stufe 6** fein mixen.

5. Eier, Zucker, Öl und Sahne zusammen in den Mixtopf geben, **15 Sek. / Stufe 6** mixen.

6. Die Mehlmischung hinzugeben und im verschlossenen Mixtopf **10 Sek. / Stufe 3** untermixen. Den Teig mit einem Teigschaber glatt rühren.

7. Den Teig in den Mulden der Muffinform (mit Papier-Muffinförmchen ausgelegt) verteilen. Die Muffinform auf dem Rost in den vorgeheizten Backofen (mittlere Schiene) schieben. Die Muffins **etwa 25 Minuten backen.**

8. Die Muffinform auf einen Kuchenrost stellen. Die Muffins etwa 5 Minuten abkühlen lassen, dann aus der Form lösen und auf dem Rost erkalten lassen.

9. Zum Garnieren die Mandarinen schälen und in 12 dünne Scheiben schneiden. Je eine Mandarinenscheibe auf einen Muffin legen.

10. Die Marmelade in den Mixtopf geben und **3 Min. / 95 °C / Stufe 2** köcheln lassen. Anschließend auf die Mandarinenscheiben träufeln.

Möhren-Haselnuss-Muffins

Zubereitungszeit: etwa 10 Minuten, ohne Abkühlzeit
Backzeit: etwa 35 Minuten
Vegan

ZUTATEN FÜR 12 STÜCKE

Für die Muffinform für 12 Muffins:
12 Papierbackförmchen

FÜR DEN GUSS:

80 g Zucker

FÜR DEN TEIG:

180 g Möhren
1 Bio-Orange (unbehandelt, ungewachst)
200 g Haselnusskerne
80 g Voll-Rohrzucker
50 g Rapsöl
20 g Ei-Ersatz-Pulver
180 g Weizenmehl (Type 550)
1 gestr. TL gem. Zimt
2 gestr. TL Backpulver
150 g Mandeldrink

PRO STÜCK:

E: 4 g, F: 16 g, Kh: 26 g, kcal: 260

1. Die Muffinform mit den Papierbackförmchen auslegen. Den Backofen vorheizen.
Ober-/Unterhitze: etwa 180 °C
Heißluft: etwa 160 °C

2. Für den Guss Zucker in den Mixtopf geben und **10 Sek. / Stufe 10** pulverisieren. Puderzucker aus dem Mixtopf nehmen und zur Seite stellen.

3. Für den Teig die Möhren putzen, schälen, abspülen, abtropfen lassen und grob in Stücke schneiden. Die Orange heiß abwaschen, abtrocknen und die Schale fein abschälen (nur das Orange!). Dann die Orange halbieren und den Saft auspressen.

4. Möhren, Haselnusskerne und Orangenschale in den Mixtopf geben und **5 Sek. / Stufe 5** zerkleinern.

5. Übrige Zutaten und 2 Esslöffel von dem Orangensaft (restlichen Orangensaft für den Guss beiseitestellen), in den Mixtopf geben und **1,5 Min / Stufe 3** verrühren. Den Teig gleichmäßig in der Muffinform verteilen.

6. Die Form auf dem Rost in den vorgeheizten Backofen (mittlere Schiene) schieben. Die Muffins **etwa 35 Minuten backen.**

7. Die Möhren-Haselnuss-Muffins mit den Papierbackförmchen aus der Form nehmen und auf einem Kuchenrost erkalten lassen.

8. Vorbereiteten Puderzucker mit so viel von dem beiseitegestellten Orangensaft (etwa 1 Esslöffel) verrühren, dass ein dickflüssiger Guss entsteht. Den Guss mit einem Teelöffel auf die Muffins träufeln. Guss trocknen lassen.

Eierlikör-Muffins

Zubereitungszeit: etwa 8 Minuten, ohne Kühlzeit
Backzeit: etwa 20 Minuten
Mit Alkohol

ZUTATEN FÜR 12 STÜCK

Für die Muffinform für 12 Muffins:

etwas	Margarine oder Butter (zimmerwarm)

FÜR TEIG:

150 g	Zucker
120 g	Speiseöl, z. B. Sonnenblumenöl
150 g	Eierlikör
3	Eier (Größe M)
80 g	Weizenmehl
70 g	Speisestärke
3 gestr. TL	Backpulver

FÜR DAS TOPPING:

100 g	Zartbitter-Schokolade
50 g	Vollmilch-Schokolade
30 g	Butter
50 g	Eierlikör

PRO STÜCK:

E: 4 g, F: 19 g, Kh: 33 g, kcal: 334

1. Die Mulden des Muffinbleches fetten.
Den Backofen vorheizen.
Ober-/Unterhitze: etwa 180 °C
Heißluft: etwa 160 °C

2. Für den Teig den Zucker in den Mixtopf geben, **10 Sek./Stufe 10** pulverisieren und mit dem Spatel nach unten schieben.

3. Öl, Eierlikör, Eier, Mehl, Speisestärke und Backpulver nacheinander in den Mixtopf geben. Die Zutaten **30 Sek./Stufe 5** verrühren. Den flüssigen Teig in die Mulden des vorbereiteten Muffinsblech füllen.

4. Die Form auf dem Rost in den vorgeheizten Backofen (unteres Drittel) schieben. Die Muffins **etwa 20 Minuten backen.**

5. Die Muffins 5 Minuten in der Form stehen lassen, dann aus der Form lösen und auf einem Kuchenrost erkalten lassen.

6. Für das Topping Schokolade in Stücke brechen, in den Mixtopf geben, **6 Sek./Stufe 8** zerkleinern und mit dem Spatel nach unten schieben.

7. Butter dazugeben, **3 Min./45 °C/Stufe 2** schmelzen. Eierlikör dazugeben und **20 Sek./Stufe 3,5** cremig rühren. Die Creme mit dem Spatel nach unten schieben, in eine kleine Schüssel füllen und etwa 10 Minuten kalt stellen, dabei gelegentlich umrühren.

8. Die Creme mit einem Löffel wellenartig auf die Muffins verteilen und fest werden lassen.

Apfel-Marzipan-Muffins

Zubereitungszeit: 15–20 Minuten, ohne Abkühlzeit
Backzeit: 25–30 Minuten

ZUTATEN FÜR 12 STÜCKE

Für die Muffinform für 12 Muffins:

20 g Butter (zimmerwarm)
1–2 EL Semmelbrösel

FÜR DEN TEIG:

250 g Äpfel (z. B. Jonagold)
1 EL Zitronensaft
125 g Weizenmehl
1 gestr. TL Backpulver
1 Msp. gem. Ingwer
200 g Marzipan-Rohmasse
70 g Butter (zimmerwarm)
75 g Zucker
4 Eier (Größe M)

ZUM BESTREUEN:

30 g gehobelte Mandeln

ZUM BESTREICHEN:

100–150 g Aprikosenkonfitüre
1 EL Wasser

PRO STÜCK:

E: 5 g, F: 14 g, Kh: 33 g, kcal: 279

1. Für den Teig die Äpfel schälen, vierteln und entkernen. Apfelviertel und Zitronensaft in den Mixtopf geben und **5 Sek. / Stufe 4** zerkleinern. Apfelstückchen aus dem Mixtopf nehmen und kurz beiseitestellen.

2. Die Mulden der Muffinformen mit Butter fetten und mit Semmelbröseln ausstreuen.
Den Backofen vorheizen.
Ober-/Unterhitze: etwa 180 °C
Heißluft: etwa 160 °C

3. Mehl mit Backpulver und Ingwer in einer Rührschüssel vermischen.

4. Marzipan-Rohmasse in kleine Stücke zupfen und in den Mixtopf geben. Butter, Zucker und Eier dazugeben und **45 Sek. / Stufe 6** zu einer glatten Masse verarbeiten.

5. Das Mehlgemisch zur Marzipan-Butter-Masse in den Mixtopf geben und **45 Sek. / Stufe 3** zu einem glatten Teig verarbeiten. Die zerkleinerten Äpfel mit in den Mixtopf geben und **15 Sek. / Stufe 2** unterheben. Den Teig in den Muffinmulden verteilen.

6. Die Muffinform auf dem Rost (mittlere Schiene) in den vorgeheizten Backofen schieben. Die Muffins **25–30 Minuten backen.**

7. Die Muffinform auf einen Kuchenrost stellen. Nach etwa 5 Minuten die Muffins aus der Form lösen und auf einem mit Backpapier belegten Kuchenrost abkühlen lassen.

8. Zum Bestreuen die Mandeln in einer Pfanne ohne Fett bei schwacher Hitze goldbraun rösten und auf einen Teller geben.

9. Zum Bestreichen Aprikosenkonfitüre und Wasser in den Mixtopf geben und **15 Sek. / Stufe 8** zerkleinern. Die Konfitüre **5 Min. / 100 °C / Stufe 1** kochen, auf die Muffins streichen und die Muffins mit gehobelten Mandeln bestreuen.

TIPP:

Zum Servieren die Muffins in Papier-Muffinförmchen setzen.

Puddingschnecken

Zubereitungszeit: etwa 30 Minuten, ohne Teiggehzeit
Backzeit: etwa 15 Minuten je Backblech

ZUTATEN FÜR 30 STÜCKE

Für das Backblech (40 x 30 cm):
Backpapier

FÜR DEN HEFETEIG:

125 g	Milch
1 Pck.	Trockenbackhefe
50 g	Zucker
1 Pck.	Vanillin-Zucker
100 g	Butter oder Margarine
2	Eier (Größe M)
500 g	Weizenmehl

FÜR DIE FÜLLUNG:

750 g	Milch
2 Pck.	Pudding-Pulver Vanille-Geschmack
80 g	Zucker
100 g	Rosinen

ZUM APRIKOTIEREN:

200 g	Aprikosenkonfitüre
20 g	Wasser

PRO STÜCK:

E: 3 g, F: 4 g, Kh: 27 g, kcal: 160

1. Für den Teig Milch, Hefe, Zucker und Vanillezucker in den Mixtopf geben und **2 Min./37 °C/ Stufe 2** erwärmen.

2. Butter, Eier und Mehl mit in den Mixtopf geben, **2 Min./ Knetstufe** zu einem Teig kneten. Teig in eine Schüssel füllen und zugedeckt so lange an einem warmen Ort gehen lassen, bis er sich sichtbar vergrößert hat.

3. Für die Füllung den Rühraufsatz in den Mixtopf einsetzen. Milch, Pudding-Pulver und Zucker in den Mixtopf geben und **9 Min./100 °C/Stufe 2** kochen. 30 Sekunden vor Ablauf der Kochzeit die Rosinen mit in den Mixtopf geben und unterheben.

4. Das Backblech mit Backpapier belegen. Den Backofen vorheizen.
Ober-/Unterhitze: etwa 200 °C
Heißluft: etwa 180 °C

5. Den Teig leicht mit Mehl bestäuben, aus der Schüssel nehmen und auf der leicht bemehlten Arbeitsfläche nochmals kurz durchkneten.

6. Den Teig zu einem Rechteck (etwa 60 x 40 cm) ausrollen und mit dem Pudding bestreichen. Den Teig von der längeren Seite aus aufrollen, in etwa 2 cm dicke Scheiben schneiden. 6–8 Scheiben mit Abstand auf das Backblech legen und die übrigen auf Backpapier legen.

7. Die Scheiben nochmals so lange an einem warmen Ort gehen lassen, bis sie sich sichtbar vergrößert haben. Das Backblech in den vorgeheizten Backofen (mittlere Schiene) schieben. Die Puddingschnecken **etwa 15 Minuten backen.**

8. Zum Aprikotieren Konfitüre und Wasser in den Mixtopf geben und **15 Sek./Stufe 8** zerkleinern. Dann **3 Min./120 °C/Stufe 2** einkochen lassen und das Gebäck sofort nach dem Backen damit bestreichen. Die übrigen Puddingschnecken wie angegeben backen und aprikotieren.

9. Die Puddingschnecken auf einem Kuchenrost erkalten lassen.

TIPP:

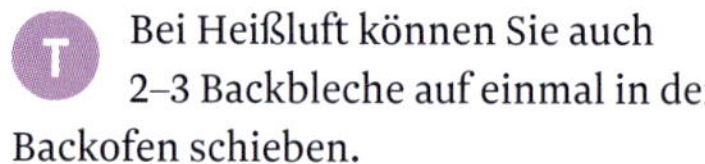

Bei Heißluft können Sie auch 2–3 Backbleche auf einmal in den Backofen schieben.

Nussecken, schnelle

Zubereitungszeit: etwa 15 Minuten
Backzeit: 22–25 Minuten

ZUTATEN FÜR 24 STÜCKE

Für das Backblech (40 x 30 cm):

etwas	Butter oder Margarine (zimmerwarm)

FÜR DEN TEIG:

200 g	Weizenmehl
1 gestr. TL	Backpulver
50 g	gemahlene Haselnusskerne
100 g	Zucker
1 Prise	Salz
1	Ei (Größe M)
4 EL	kaltes Wasser
150 g	Butter oder Margarine (zimmerwarm)

FÜR DEN BELAG:

200 g	Aprikosenkonfitüre
1 Pck.	Vanillin-Zucker
2 EL	Schlagsahne
200 g	gehobelte Haselnusskerne

PRO STÜCK:

E: 2 g, F: 12 g, Kh: 17 g, kJ: 788, kcal: 188

1. Das Backblech einfetten. Den Backofen vorheizen.
Ober-/Unterhitze: etwa 200 °C
Heißluft: etwa 180 °C

2. Für den Teig Mehl, Backpulver, Haselnusskerne, Zucker, Salz, Ei und Wasser in den Mixtopf geben. Butter oder Margarine in kleinen Stücken dazugeben. Die Zutaten **30 Sek. / Stufe 4** verrühren. Den Teig mit dem Spatel nach unten schieben.

3. Den Teig auf das Backblech geben und verstreichen. Das Backblech in den vorgeheizten Backofen schieben. Den Teig **etwa 10 Minuten vorbacken.** Den Mixtopf reinigen.

4. Für den Belag die Konfitüre in den Mixtopf geben und **3 Min. / 100 °C / Stufe 2** aufkochen. Vanillin-Zucker, Sahne und Haselnusskerne dazugeben und **10 Sek. / Stufe 1** unterrühren.

5. Das Backblech auf einen Kuchenrost stellen. Die Nuss-Konfitüren-Masse sofort auf dem vorgebackenen Teig verteilen und mit einer Teigkarte oder einem Esslöffel verstreichen. Das Backblech wieder in den heißen Backofen schieben. Das Gebäck bei gleicher Backofentemperatur weitere **12–15 Minuten backen.**

6. Das Backblech auf einen Kuchenrost stellen. Das Gebäck erkalten lassen. Anschließend in 12 Quadrate (etwa 10 x 10 cm) schneiden und die Quadrate diagonal halbieren.

TIPP:

T Statt gehobelten Haselnusskernen können Sie auch gehobelte Mandeln oder eine Mischung aus beiden verwenden.

Amerikaner

Zubereitungszeit: etwa 8 Minuten, ohne Abkühlzeit
Backzeit: etwa 20 Minuten je Backblech

ZUTATEN FÜR 12 STÜCKE

Für das Backblech (40 x 30 cm):
Backpapier

FÜR DEN RÜHRTEIG:

75 g	Margarine oder Butter (zimmerwarm)
100 g	Zucker
1 Pck.	Vanillin-Zucker
5 Tropfen	Butter-Vanille-Aroma (aus dem Röhrchen)
1 Prise	Salz
2	Eier (Größe M)
250 g	Weizenmehl
1 Pck.	Backpulver
100 g	Milch

ZUM BESTREICHEN:

etwa 2 EL Milch

FÜR DEN GUSS:

150 g	Zartbitter-Schokolade
1 TL	Speiseöl, z. B. Sonnenblumenöl
200 g	Puderzucker
etwa 3 EL	Zitronensaft oder Wasser
	gehackte Mandeln
	gehackte Pistazienkerne
	Hagelzucker
	Kokosraspel

PRO STÜCK:

E: 5 g, F: 14 g, Kh: 48 g, kcal: 347

1. Das Backblech mit Backpapier belegen. Den Backofen vorheizen.
Ober-/Unterhitze: etwa 180 °C
Heißluft: etwa 160 °C

2. Für den Teig alle Zutaten in den Mixtopf geben und **1,5 Min./Stufe 3** verrühren.

3. Von der Hälfte des Teiges mit 2 Esslöffeln 6 Häufchen nicht zu dicht nebeneinander auf das Backblech geben und mit einem feuchten Messer etwas nachformen. Das erste Backblech in den vorgeheizten Backofen (mittlere Schiene) schieben. Die Amerikaner **etwa 20 Minuten backen**, nach etwa 15 Minuten Backzeit die Oberfläche mit Milch bestreichen.

4. Aus dem übrigen Teig ebenfalls 6 Teighäufchen auf Backpapier setzen.

5. Die gebackenen Amerikaner mit dem Backpapier auf einen Kuchenrost ziehen.

6. Die vorbereiteten Teighäufchen mit dem Backpapier auf das Backblech ziehen und wie angegeben backen. Amerikaner erkalten lassen.

7. Schokolade grob mit einem Messer zerkleinern oder in Stücke brechen, in den Mixtopf geben und **5 Sek./Stufe 7** zerkleinern. Speiseöl mit in den Mixtopf geben und **2 Min./60 °C/Stufe 2** schmelzen lassen.

8. Für den Guss Puderzucker sieben und mit Zitronensaft oder Wasser zu einem dickflüssigen Guss verrühren. Erkaltete Amerikaner auf der Unterseite mit geschmolzener Schokolade oder Guss bestreichen. Nach Belieben mit Mandeln, Pistazien, Hagelzucker und Kokosraspeln bestreuen.

Apfeltaschen

Zubereitungszeit: etwa 20 Minuten, ohne Teiggeh- und Abkühlzeit
Backzeit: etwa 20 Minuten je Backblech

ZUTATEN FÜR 14 STÜCKE

Für das Backblech (40 x 30 cm):
Backpapier

FÜR DEN HEFETEIG:

200 g Milch
1 Pck. Trockenbackhefe
50 g Zucker
1 Pck. Vanillin-Zucker
50 g Butter oder Margarine
1 Ei (Größe M)
375 g Weizenmehl, 1 Prise Salz

FÜR DIE FÜLLUNG:

500 g Äpfel, z. B. Jonagold, Elstar
50 g Rosinen
40 g Zucker
20 g Butter

ZUM BESTREICHEN UND BESTREUEN:

Milch, gehobelte Mandeln

FÜR DEN GUSS:

100 g Puderzucker
1 ½ EL Zitronensaft
10 g Butter

PRO STÜCK:

E: 5 g, F: 7 g, Kh: 40 g, kcal: 247

1. Für den Teig Milch, Hefe, Zucker und Vanille-Zucker in dem Mixtopf geben und **2 Min./37°C/Stufe 2** erwärmen.

2. Butter oder Margarine, Ei, Mehl und Salz mit in den Mixtopf geben und **2,5 Min./ Knetstufe** zu einem Teig kneten. Teig in eine Schüssel füllen und zugedeckt an einem warmen Ort etwa 30 Minuten gehen lassen. Mixtopf reinigen.

3. Für die Füllung Äpfel schälen, vierteln, entkernen, in den Mixtopf geben, **4 Sek./Stufe 4** zerkleinern und mit dem Spatel nach unten schieben. Butter, Rosinen und Zucker mit in den Mixtopf geben und **4 Min./120 °C/Stufe 1** andünsten. Apfel-Rosinen-Masse umfüllen und erkalten lassen.

4. Den Teig leicht mit Mehl bestäuben und auf der leicht bemehlten Arbeitsfläche nochmals kurz durchkneten. Teig dünn ausrollen und 14 Kreise (Ø etwa 12 cm) ausstechen. Die Füllung auf einer Hälfte jeder Teigplatte verteilen.

5. Den Rand jeder Teigplatte mit Milch bestreichen und die andere Teighälfte daraufklappen. Die Ränder mit einer Gabel oder einer Teigkarte gut andrücken.

6. Das Backblech mit Backpapier belegen. Den Backofen vorheizen.
Ober-/Unterhitze: etwa 200 °C
Heißluft: etwa 180 °C

7. Die Apfeltaschen mit Milch bestreichen, nach Belieben mit Mandeln bestreuen und die Hälfte der Apfeltaschen auf das Backblech legen. Alle Apfeltaschen nochmals so lange an einem warmen Ort gehen lassen, bis sie sich sichtbar vergrößert haben.

8. Das Backblech in den vorgeheizten Backofen (mittlere Schiene) schieben. Die Apfeltaschen **etwa 20 Minuten backen.**

9. Die Apfeltaschen mit dem Backpapier vom Backblech auf einen Kuchenrost ziehen. Die übrigen Apfeltaschen wie angegeben backen.

10. Für den Guss Puderzucker sieben und mit Zitronensaft zu einer dickflüssigen Masse verrühren. Butter zerlassen und unterrühren. Das heiße Gebäck sofort damit bestreichen. Erkalten lassen.

Florentiner Streifen

Zubereitungszeit: etwa 20 Minuten, ohne Abkühlzeit
Backzeit: etwa 25 Minuten
Vegan

ZUTATEN FÜR 15 STÜCKE

Für das Backblech (30 x 40 cm):

etwas	vegane Margarine
	Backpapier
	Backrahmen

FÜR DEN BELAG:

100 g	halbierte, getrocknete Cranberrys
80 g	vegane Margarine
80 g	Voll-Rohrzucker
150 g	Sojacreme zum Aufschlagen
150 g	gestiftelte Mandeln

FÜR DEN TEIG:

80 g	Voll-Rohrzucker
100 g	vegane Margarine
200 g	Weizenmehl
1 TL	Backpulver

ZUM GARNIEREN:

etwa 50 g	Zartbitter-Kuvertüre

PRO STÜCK:

E: 3 g, F: 16 g, Kh: 29 g, kcal: 272

1. Cranberrys in den Mixtopf geben und **5 Sek./Stufe 5-6** zerkleinern. Beeren aus dem Mixtopf nehmen und kurz beiseite stellen.

2. Für den Belag Margarine mit Zucker und Sojacreme in den Mixtopf geben und **5 Min./100 °C/Stufe 1** kochen.

3. Zerkleinerte Cranberrys und Mandeln hinzufügen und **3 Min./100 °C/**⟲ **RLLauf/Stufe 1** weiter kochen. Die Masse aus dem Mixtopf nehmen und etwas abkühlen lassen.

4. Das halbe Backblech (30 x 20 cm) fetten und mit Backpapier belegen. Den Backofen vorheizen.
Ober-/Unterhitze: etwa 180 °C
Heißluft: etwa 160 °C

5. Für den Teig Zucker **10 Sek./Stufe 10** pulverisieren. Restliche Zutaten für den Teig mit in den Mixtopf geben und **15 Sek./Stufe 5** kneten. Teig mit dem Spatel nach unten schieben und **15 Sek./Stufe 5** kneten. Teig aus dem Mixtopf nehmen, von Hand zu einem Ball formen und etwas flach drücken.

6. Den Teig auf die mit Backpapier belegte Backblechhälfte geben. Den Backrahmen darumstellen. Den Teig mit bemehlten Händen sorgfältig zu einem Boden andrücken. Den Teig mit einer Gabel mehrmals einstechen.

7. Den Belag auf den Teig geben und verstreichen. Das Backblech in den vorgeheizten Backofen (mittlere Schiene) schieben und **etwa 25 Minuten backen.**

8. Das Backblech auf einen Kuchenrost stellen. Das Gebäck etwas abkühlen lassen. Dann den Backrahmen lösen und entfernen. Das Gebäck mit dem Backpapier auf den Kuchenrost ziehen und erkalten lassen.

9. Das mitgebackene Backpapier entfernen. Das Gebäck mit einem Sägemesser in 15 Streifen (je etwa 10 x 4 cm) schneiden.

10. Zum Garnieren die Kuvertüre grob mit einem Messer zerkleinern oder in Stücke brechen, in den Mixtopf geben und **5 Sek./Stufe 7** zerkleinern. Kuvertüre **2 Min./60 °C/Stufe 2** schmelzen lassen. Die Florentiner Streifen mit der Kuvertüre besprenkeln. Kuvertüre trocknen lassen.

Ein Plätzchen in Ehren.

PLÄTZCHEN

Ischler Törtchen

Zubereitungszeit: etwa 20 Minuten, ohne Kühlzeit
Backzeit: etwa 12 Minuten je Backblech

Vegan

ZUTATEN FÜR 22 STÜCKE

Für das Backblech (40 x 30 cm):
Backpapier

FÜR DEN TEIG:

½	Bio-Zitrone (unbehandelt, ungewachst)
100 g	Voll-Rohrzucker
1 Pck.	Bourbon-Vanille-Zucker
100 g	vegane Margarine (kalt)
etwa	
2 ½ EL	Soja-Kochcreme (25 g)
150 g	Weizenmehl
75 g	abgezogene, gem. Mandeln

ZUM BESTREUEN:

etwa 1 EL Puderzucker

ZUM BESTREICHEN:

etwa 150 g Fruchtaufstrich Himbeere (mit Agavendicksaft gesüßt)

PRO STÜCK:

E: 2 g, F: 6 g, Kh: 13 g, kcal: 114

1. Für den Teig von der halben Zitrone (heiß abgewaschen und abgetrocknet) die Schale fein abreiben und in den Mixtopf geben. 1 Esslöffel Saft auspressen und bis zur weiteren Verwendung beiseitestellen. Rohrzucker und Vanille-Zucker mit in den Mixtopf geben und **15 Sek./Stufe 10** zerkleinern und mit dem Spatel nach unten schieben.

2. Margarine, Kochcreme, Mehl, Mandeln und Zitronensaft mit in den Mixtopf geben und **25 Sek./Stufe 5** vermengen. Anschließend auf einer leicht bemehlten Arbeitsfläche kurz zu einem glatten Teig verkneten und zu einer Rolle formen. Den Teig in Frischhaltefolie gewickelt mindestens 15 Minuten in den Kühlschrank legen.

3. Das Backblech mit Backpapier belegen. Den Backofen vorheizen.
Ober-/Unterhitze: etwa 180 °C
Heißluft: etwa 160 °C

4. Die Teigrolle auf der leicht bemehlten Arbeitsfläche knapp ½ cm dick ausrollen. Mit einer runden Ausstechform mit Wellenrand Plätzchen (Ø etwa 6 cm) ausstechen. Die Hälfte davon auf das Backblech legen. Das Backblech in den vorgeheizten Backofen (mittlere Schiene) schieben und **etwa 12 Minuten backen.**

5. In der Zwischenzeit die andere Hälfte Plätzchen ebenso auf Backpapier legen und mit einer kleineren runden Ausstechform (Ø etwa 2 cm) jeweils die Mitte ausstechen, sodass Ringe entstehen (sollte der Teig zu bröselig werden, evtl. nochmals etwa ½ Esslöffel Soja-Kochcreme unter den Teig kneten).

6. Die gebackenen Plätzchen mit dem Backpapier auf einen Kuchenrost ziehen. Die vorbereiteten Plätzchenringe mit dem Backpapier auf das Backblech ziehen und **etwa 12 Minuten backen.**

7. Die Plätzchenringe mit dem Backpapier auf einen Kuchenrost ziehen und sofort mit Puderzucker bestreuen. Alle Plätzchen erkalten lassen.

8. Zum Bestreichen Fruchtaufstrich **10 Sek./Stufe 8** zerkleinern, mit dem Spatel nach unten schieben und **2 Min./100 °C/Stufe 2** aufkochen. Die nicht ausgestochenen Plätzchen auf der Unterseite sofort damit bestreichen. Die Plätzchenringe darauflegen und leicht andrücken.

TIPP:

Den restlichen Fruchtaufstrich in den ausgestochenen Löchern verteilen.

Crème-fraîche-Taler

Zubereitungszeit: etwa 5 Minuten, ohne Kühlzeit
Backzeit: etwa 12 Minuten je Backblech
Haltbarkeit: 2–3 Wochen in gut schließenden Dosen

ZUTATEN FÜR 90 STÜCK

Für das Backblech (40 x 30 cm):
Backpapier

FÜR DEN KNETTEIG:

250 g	Weizenmehl
200 g	Butter oder Margarine (zimmerwarm)
150 g	Crème fraîche
1 Pck.	Vanillin-Zucker

ZUSÄTZLICH:

2–3 EL	Milch
etwa 50 g	Hagelzucker oder Zimtzucker

PRO STÜCK:

E: 0,5 g, F: 2 g, Kh: 3 g, kcal: 34

1. Für den Teig das Mehl in den Mixtopf geben. Die Butter oder Margarine in kleinen Stücken darauf verteilen. Crème fraîche und Vanillin-Zucker hinzufügen, **40 Sek./ Knetstufe** kneten. Den Teig mit dem Spatel nach unten schieben und erneut **10 Sek./ Knetstufe** kneten.

2. Den Teig aus dem Mixtopf nehmen und auf der bemehlten Arbeitsfläche zu 2 Rollen (etwa 30 cm Länge) formen. Die Teigrollen in Frischhaltefolie gewickelt einige Stunden oder über Nacht in den Kühlschrank legen.

3. Das Backblech mit Backpapier belegen. Den Backofen vorheizen.
Ober-/Unterhitze: etwa 180 °C
Heißluft: etwa 160 °C

4. Eine Teigrolle in etwa ½ cm dicke Scheiben schneiden, auf das Backblech legen, mit Milch bestreichen und sofort mit Hagel- oder Zimtzucker bestreuen.

5. Das Backblech in den vorgeheizten Backofen (mittlere Schiene) schieben. Die Taler **etwa 12 Minuten backen.** In der Zwischenzeit den restlichen Teig in Scheiben schneiden und auf zwei Bögen Backpapier legen.

6. Die gebackenen Crème-fraîche-Taler mit dem Backpapier auf einen Kuchenrost ziehen und erkalten lassen. Die vorbereiteten rohen Taler mit dem Backpapier auf das Backblech ziehen und wie angegeben backen.

TIPP:

T Bei Heißluft können Sie auch 2–3 Backbleche auf einmal in den Backofen schieben.

REZEPTVARIANTE:

Für **Pikante Crème-fraîche-Taler** den Teig ohne Vanillin-Zucker zubereiten und statt mit Zucker mit geraspeltem Käse, Salz oder Mohn bestreuen.

Chocolate Cookies mit Nüssen

Zubereitungszeit: etwa 40 Minuten, ohne Abkühlzeit
Backzeit: etwa 10 Minuten je Backblech

ZUTATEN FÜR 80 STÜCK

Für das Backblech (40 x 30 cm):

etwas	Butter oder Margarine (zimmerwarm) Backpapier

FÜR DEN TEIG:

75 g	weiße Schokolade
200 g	Zartbitter-Schokolade
100 g	gemischte Nusskerne, z. B. Walnuss-, Haselnuss-, Pecannusskerne oder Mandeln
200 g	brauner Zucker
150 g	Butter oder Margarine (zimmerwarm)
2 Pck.	Vanillin-Zucker
½ TL	Salz
2	Eier (Größe M)
300 g	Weizenmehl
1 gestr. TL	Backpulver
½ TL	Natron

ZUM GARNIEREN:

etwa 50 g	weiße Schokolade
1 TL	Speiseöl, z. B. Sonnenblumenöl

PRO STÜCK:

E: 1 g, F: 4 g, Kh: 8 g, kcal: 70

1. Das Backblech fetten und mit Backpapier belegen. Den Backofen vorheizen.
Ober-/Unterhitze: etwa 180 °C
Heißluft: etwa 160 °C

2. Weiße Schokolade und 125 g Zartbitter-Schokolade in Stücke brechen und zusammen mit den Nusskernen oder Mandeln in den Mixtopf geben. **3 Sek. / Stufe 7** grob zerkleinern und in eine Schüssel geben.

3. Restliche Schokolade (75 g) in Stücke brechen, braunen Zucker dazugeben, **10 Sek. / Stufe 10** zerkleinern und mit dem Spatel nach unten schieben.

4. Butter oder Margarine in kleinen Stücken dazugeben. Anschließend die übrigen Zutaten nacheinander dazugeben. Die Zutaten **1,5 Min. / Stufe 4** verrühren. Zerkleinerte Schoko-Nuss-Mischung dazugeben, den Spatel einsetzen, die Zutaten mit Hilfe des Spatels **15 Sek. / Stufe 2** unterrühren.

5. Für jeden Cookie einen gut gehäuften Teelöffel Teig auf das Backblech setzen, dabei zwischen den Cookies etwas Abstand lassen. Das Backblech in den vorgeheizten Backofen (mittlere Schiene) schieben. Die Cookies **etwa 10 Minuten backen.** Den übrigen Teig auf die gleiche Weise auf Backpapier geben.

6. Die gebackenen Cookies mit dem Backpapier auf einen Kuchenrost ziehen. Die vorbereiteten Teighäufchen mit dem Backpapier auf das Backblech ziehen und wie angegeben backen. Cookies erkalten lassen.

7. Zum Garnieren die weiße Schokolade in Stücke brechen, **3 Sek. / Stufe 8** zerkleinern und mit dem Spatel nach unten schieben. Das Öl dazugeben, die Schokolade **2 Min. / 40 °C / Stufe 1** schmelzen. Die Schokolade in einen kleinen Gefrierbeutel füllen und eine kleine Ecke abschneiden. Den Guss in dünnen Streifen auf die Cookies spritzen. Den Guss trocknen lassen.

Rosmarin-Sandtaler

Vorbereitung: max. 2 Wochen im Voraus
Zubereitungszeit: 30 Minuten, ohne Kühlzeit
Backzeit: etwa 10 Minuten je Backblech

ZUTATEN FÜR 96 STÜCK

Für das Backblech (40 x 30 cm):
Backpapier

FÜR DEN KNETTEIG:

4	kleine Stängel Rosmarin (etwa 4 g Rosmarinnadeln)
150 g	Zucker
300 g	Weizenmehl
200 g	Butter (kalt)
2 Prisen	Salz
1	Ei (Größe M)

ZUM WÄLZEN:

60 g	brauner Zucker

PRO STÜCK:

E: 0,5 g, F: 2 g, Kh: 4 g, kcal: 35

1. Für den Teig Rosmarin abspülen, trocken tupfen und die Nadeln von den Stängeln zupfen. Zucker und Rosmarinnadeln in den Mixtopf geben und **10 Sek. / Stufe 10** pulverisieren. Den Puderzucker mit dem Spatel nach unten schieben.

2. Restliche Zutaten in den Mixtopf geben und **30 Sek. / Stufe 5** zu einem Teig kneten.

3. Den Teig in 4 gleich große Portionen teilen und zu Rollen von je etwa 35 cm Länge formen. Die Teigrollen in dem braunen Zucker wälzen, dann in Frischhaltefolie gewickelt mindestens 1 Stunde in den Kühlschrank legen.

4. Das Backblech mit Backpapier belegen. Den Backofen vorheizen.
Ober-/Unterhitze: etwa 180 °C
Heißluft: etwa 160 °C

5. Die Teigrollen mit einem Sägemesser in etwa 1 cm dicke Scheiben schneiden. Dabei die Rollen immer wieder formen, damit die Scheiben gleichmäßig rund abgeschnitten werden. Die Taler auf das Backblech legen.

6. Das Backblech in den vorgeheizten Backofen (mittlere Schiene) schieben und die Taler **etwa 10 Minuten backen.**

7. In der Zwischenzeit die restlichen Taler auf Backpapier vorbereiten.

8. Die gebackenen Rosmarin-Sandtaler mit dem Backpapier vom Backblech auf einen Kuchenrost ziehen und erkalten lassen.

9. Die vorbereiteten Taler mit dem Backpapier auf das Backblech ziehen und wie angegeben backen. Rosmarin-Sandtaler erkalten lassen.

TIPP:

T Wenn der Teig nach der Zubereitung (Punkt 2) zu weich ist, legen Sie ihn in Frischhaltefolie gewickelt etwa 30 Minuten in den Kühlschrank.

Haferflocken-plätzchen

Zubereitungszeit: etwa 30 Minuten, ohne Kühlzeit
Backzeit: etwa 12 Minuten je Backblech
Haltbarkeit: etwa 3 Wochen in gut schließenden Dosen

ZUTATEN FÜR 100 STÜCK

Für das Backblech (40 x 30 cm):
Backpapier

FÜR DEN TEIG:

1	Bio-Zitrone (unbehandelt, ungewachst)
150 g	brauner Zucker
150 g	Butter oder Margarine (zimmerwarm)
1	Ei (Größe M)
200 g	zarte Haferflocken
150 g	abgezogene, gem. Mandeln
1 gestr. TL	Backpulver

PRO STÜCK:

E: 1 g, F: 2 g, Kh: 2 g, kcal: 29

1. Für den Teig die Zitrone heiß waschen, abtrocknen und ein Drittel der Schale in sehr dünnen Streifen abschälen. Zitronenschale und braunen Zucker in den Mixtopf geben und **15 Sek. / Stufe 10** pulverisieren. Den Zitronenzucker mit dem Spatel nach unten schieben. Butter oder Margarine in kleinen Stücken dazugeben und **20 Sek. / Stufe 4** verrühren. Ei, Haferflocken, Mandeln und Backpulver dazugeben. Die Zutaten **20 Sek. / Stufe 3** zu einem Teig verarbeiten.

2. Den Teig auf die bemehlte Arbeitsfläche geben und zu 2 Rollen von je etwa 30 cm Länge formen. Diese in Frischhaltefolie gewickelt einige Stunden oder über Nacht in den Kühlschrank legen.

3. Das Backblech mit Backpapier belegen. Den Backofen vorheizen.
Ober-/Unterhitze: etwa 180 °C
Heißluft: etwa 160 °C

4. Die Teigrollen in etwa ½ dicke Scheiben schneiden und auf das Backblech legen, evtl. etwas nachformen. Das Backblech in den vorgeheizten Backofen (mittlere Schiene) schieben und die Plätzchen **etwa 12 Minuten backen.**

5. Aus dem übrigen Teig, wie angegeben, Plätzchen vorbereiten und auf Backpapier legen.

6. Die gebackenen Plätzchen mit dem Backpapier vom Backblech auf einen Kuchenrost ziehen.

7. Die vorbereiteten Plätzchen mit dem Backpapier auf das Backblech ziehen und wie angegeben backen. Die Haferflockenplätzchen auf dem Kuchenrost erkalten lassen.

TIPPS:

Die Haferflockenplätzchen mit geschmolzener Kuvertüre besprenkeln.

T Alle vom Backblech genommenen Plätzchen müssen auf einem Kuchenrost zunächst gut auskühlen. Erst wenn sie völlig erkaltet sind, können sie zur Aufbewahrung verpackt werden. Bewahren Sie Plätzchen kühl und trocken auf.

REZEPTVARIANTE:

Für **Haferflockenplätzchen mit Cranberrys** (etwa 110 Stück) 100 g getrocknete Cranberrys zusammen mit der Zitronenschale und dem Zucker zerkleinern. Den Teig wie beschrieben zubereiten und zu eckigen Stangen oder Rollen formen.

Rollen-Butterkekse

Zubereitungszeit: etwa 25 Minuten, ohne Kühlzeit
Backzeit: etwa 12 Minuten je Backblech
Haltbarkeit: etwa 3 Wochen in gut schließenden Dosen

ZUTATEN FÜR 34 KEKSE

Für das Backblech (40 x 30 cm):
Backpapier

FÜR DEN KNETTEIG:

50 g	Zucker
100 g	Butter oder Margarine (zimmerwarm) in Stücken
1 Pck.	Vanillin-Zucker
150 g	Weizenmehl
1 Msp.	Backpulver

FÜR DIE GLASUR UND GARNITUR:

200 g	Puderzucker
etwa 3 EL	Zitronensaft oder Wasser
	gehackte Mandeln
	gehackte Pistazienkerne
	Hagelzucker
	Kokosraspel
	bunte Streudeko, z.B. Zuckerperlen, Zucker- oder Schokoladenstreusel

PRO STÜCK:

E: 0,3 g, F: 2 g, Kh: 3 g, kcal: 28

1. Das Backblech mit Backpapier belegen. Den Backofen vorheizen.
Ober-/Unterhitze: etwa 180 °C
Heißluft: etwa 160 °C

2. Für den Teig den Zucker in den Mixtopf geben und **10 Sek./ Stufe 10** pulverisieren. Den Puderzucker mit dem Spatel nach unten schieben. Restliche Zutaten in den Mixtopf geben und **1 Min./ Knetstufe** vermengen.

3. Den Teig auf der leicht bemehlten Arbeitsfläche zu einer Rolle (Ø etwa 4 cm) formen, und mit Frischhaltefolie zugedeckt mind. 8 Stunden oder über Nacht in den Kühlschrank legen.

4. Von der Rolle etwa ½ cm breite Scheiben abschneiden und auf das Backblech legen.

5. Das Backblech in den vorgeheizten Backofen (mittlere Schiene) schieben und die Kekse **etwa 12 Minuten** backen. Die restlichen Kekse wie angegeben von der Rolle schneiden und auf Backpapier legen.

6. Die gebackenen Kekse mit dem Backpapier vom Backblech ziehen und auf einem Kuchenrost erkalten lassen.

7. Die vorbereiteten Kekse mit dem Backpapier auf das Backblech ziehen und wie angegeben backen.

8. Für die Glasur Puderzucker sieben und mit Zitronensaft oder Wasser zu einer dickflüssigen Guss verrühren. Kekse mit dem Guss bestreichen und mit der Garnitur bestreuen.

TIPP:

T Die Kekse nach Wunsch mit Puderzuckerglasur bestreichen und mit bunten Zuckerperlen, Zucker- oder Schokoladenstreuseln bestreuen.

REGISTER

Für Fragen, Vorschläge oder Anregungen steht Ihnen der Verbraucherservice der Dr. Oetker Versuchsküche, Telefon 00 800 / 71 72 73 74, Mo–Fr 8:00–18:00 Uhr sowie Sa 9:00–15:00 Uhr zur Verfügung.

Kaiserstraße 14 b
D-80801 München

ISBN: 978-3-7670-1746-7
2. Auflage 2017

Projektleitung: Carola Reich
Redaktion: Annette Riesenberg
Rezeptentwicklung: Olaf Brummel, Bielefeld
Anke Rabeler, Berlin
Nährwertberechnungen: Angelika Ilies, Langen

Coverfoto: Tina Sturzenegger
Foodfotografie:
Barbara Bonisolli, München (S. 7, 9, 15, 17, 21, 23, 27, 35, 39, 41, 43, 47, 49, 51, 55, 59, 63, 67, 71, 75, 81, 85, 89, 91, 93, 95, 97, 105, 107, 111, 113, 115, 117, 119, 123, 125, 127, 129, 131, 133)
Walter Cimbal, Hamburg (S. 11, 13, 19, 25, 29, 37, 45, 53, 57, 61, 65, 73, 77, 79, 83, 87, 99, 103, 109)
Tina Sturzenegger, CH-Zug (S. 31)

Art Direction und Grafikdesign:
seidldesign, Stuttgart
Satz: Büro 18, Friedberg/Bayern
Lithografie: Jan Russok
Herstellung: Frank Jansen
Druck und Bindung:
Mohn Media Mohndruck GmbH, Gütersloh

Die Bücher und E-Books unter der Marke Dr. Oetker Verlag erscheinen als Lizenz in der ZS Verlag GmbH.
redaktion-oetker@zsverlag.de
Die ZS Verlag GmbH ist ein Unternehmen der Edel AG, Hamburg.
www.zsverlag.de
www.facebook.de/zs-verlag